"In deinem Anschaun steh es gerettet zuletzt"

Rainer Maria Rilkes *Duineser Elegien* in systematischer Darstellung

von

Sven Riedel

Tectum Verlag
Marburg 2005

Riedel, Sven:
"In deinem Anschaun steh es gerettet zuletzt".
Rainer Maria Rilkes *Duineser Elegien*
in systematischer Darstellung.
/ von Sven Riedel
Coverabbildung: PhotoCase.de
- Marburg : Tectum Verlag, 2005
ISBN 978-3-8288-8873-9

© Tectum Verlag

Tectum Verlag
Marburg 2005

Inhaltsverzeichnis

Vorwort 9

1. Die mythopoetische Figur des Engels 11
   1.1 Allgemeine Charakterisierung des Engels 12
       1.1.1 'Absolute' Charakterisierung 12
       1.1.2 'Relationistische' Charakterisierung 13
           1.1.2.1 Der Engel als Gegenbild des Menschen 13
           1.1.2.2 Der Engel als Adressat des lyrischen Ich 15
           1.1.2.3 Der Engel als Zeuge menschlicher
                   Kulturleistungen 16
   1.2 Gegenwartskritik 18

2. Liebe 21
   2.1 Die Liebe als Möglichkeit zur
       Überwindung der menschlichen Daseinsaporien 21
   2.2 Die 'intransitive' Liebe 24
   2.3 Die 'leichte Gestaltung des Triebs'
       am Beispiel der *Dritten Elegie* 26

3. Tod 31
   3.1 Die Rehabilitierung des Todes in der *Ersten Elegie* 31
   3.2 Der Tod als Komplementärhälfte des Lebens 32
   3.3 Der Tod als perspektivenabhängiges Phänomen 35
   3.4 Die Mythopoesie des Todes in der *Zehnten Elegie* 37

4. Verwandlung 41
   4.1 Der Schwundprozess im Bereich der Ding-Welt
       als 'aktuelle' Zeiterscheinung 41
       4.1.1 Der technisch-industrielle Paradigmenwechsel 41
       4.1.2 Ursache oder Begleiterscheinung.
             Der 'geistig-moralische' Schwund 42
   4.2 'Einmaligkeit' als Signum des Irdischen 43
       4.2.1 Der 'Auftrag der Erde' 44
       4.2.2 Die Bedingung der Kommunizierbarkeit 46
   4.3 Das *Hier* als Ort der Verwandlung 47
   4.4 Zwei Kataloge. Profane und transzendente Dinge 47
   4.5 Die Rettung der Dinge als Rettung des Menschlichen ... 48

5. Das Bewusstsein als Spezifikum der *conditio humana* 51

   5.1 Konträre Seinsweisen:
   Das 'Offene' und das 'Geschlossene' 52

   5.2 Formen des Bewusstseins: Zeit- und Todesbewusstsein 53

   5.3 Möglichkeiten zur Überwindung
   der menschlichen Perspektive 54
      5.3.1 Das Kind 54
      5.3.2 Der Sterbende 56
      5.3.3 Die Liebenden 57

   5.4 Die Bewusstseinshypothese 58

   5.5 Erinnerung als Moment
   der Verbindung zwischen Mensch und Tier 59

   5.6 Die animalische Stufenleiter 61

6. Räumliches 65

   6.1 Der Raum als zentrale Konstituente
   der 'Verwandlungspoetik' 65

   6.2 Allgemeines zur Relevanz des Räumlichen
   in den *Duineser Elegien* 66

   6.3 Das 'Offene'. Zur konzeptuellen Genese einer Metapher 67

   6.4 Introspektionen 68
      6.4.1 Die *Dritte Elegie* als introspektive Konfrontation
      mit der eigenen Triebnatur 69
      6.4.2 Die 'Bühne des Herzens'
      als Ort der Re-Inszenierung persönlicher Konflikte 70

7. Akustisches 73

   7.1 Vorbemerkung 73

   7.2 Engel und Mensch 74

   7.3 Tod und Akustik 76

   7.4 Der Gang durchs Leidland
   als Bewegung vom Lärm zum Schweigen 77

8. Zyklisches 81

   8.1 Die jahreszeitliche Geschlossenheit
   als Sinnbild des 'vollzähligen Lebens' 81
      8.1.1 Animalisches „Verständigt-Sein"
      und menschliche „Verspätung" 81
      8.1.2 Held und Künstler 83

8.2 'Daseinsfiguren' in den *Duineser Elegien* 84
   8.2.1 Der Engel als Spiegel der eigenen Schönheit 85
   8.2.2 Das Schlussgleichnis der *Zehnten Elegie*.
       Die Komplementarität von *Steigen* und *Fallen* 86
   8.2.3 Vom Schreien zum Erhörtwerden 87
8.3 'Daseins-Standbilder' 88
   8.3.1 Architektonische Zeugnisse des Stehens 88
   8.3.2 Der Sphinx. Ein menschliches Antlitz
       auf der 'Waage der Sterne' 89
   8.3.3 Scheiternde menschliche 'Daseins-Standbilder' 89
   8.3.4 Die Liebenden der *Fünften Elegie* 90

9. Kommunikative Strategien 91
   9.1 Allgemeines 91
   9.2 Pronomina-Verwendung und monologischer Charakter 93
   9.3 Konjunktivisches Sprechen 94
       9.3.1 Die *Erste Elegie* 94
       9.3.2 Die *Siebente Elegie* 95
       9.3.3 Die *Achte Elegie* 95
       9.3.4 Konsiderative Konjunktionen 95
   9.4 Das optativische Sprechen 96
       9.4.1 Die *Zehnte Elegie* 96
       9.4.2 Die *Fünfte Elegie* 97
       9.4.3 Die *Zweite Elegie* 98
   9.5 Projektionen 99
       9.5.1 Zwei 'Aufträge': Rehabilitation des Todes
       und Verwandlung des Irdischen 99
       9.5.2 Triadisches Geschichtsmodell 101

10. Strukturanalysen 103
   10.1 Die spiegelbildliche Struktur der *Zweiten Elegie* 103
   10.2 Die *Fünfte Elegie*. Zur Zentralität der zehnten Strophe 104
   10.3 Die *Siebente Elegie*. Das Strukturmotiv
       derAufwärtsbewegung 107

Zusammenfassung 111
Literaturverzeichnis 115
Personenregister 119
Sachregister 119

Vorwort

Wie kaum ein anderer deutschsprachiger Gedichtzyklus des 20. Jahrhunderts haben Rilkes *Duineser Elegien* in ihrer inzwischen über achtzigjährigen Wirkungsgeschichte die Phantasie und Produktivität ihrer Interpreten angeregt. Seit ihrer Erstpublikation im Jahr 1923 hat sich eine Vielzahl von Autoren an Rilkes lyrischem Hauptwerk versucht und ist dabei zu den unterschiedlichsten Deutungen gelangt. Obwohl sich Rilke verschiedentlich explizit gegen eine christliche Auslegung gewandt hat, sind die *Elegien* in den ersten Jahrzehnten nach ihrem Erscheinen doch gerade in dieser Richtung interpretiert worden. Zu einer vergleichbaren Popularität auf Seiten der Interpreten brachte es vor allem in den 1940er und 1950er Jahren auch die existenzphilosophisch begründete Deutung, die sich vorwiegend an Martin Heidegger orientierte. Später folgten weitere, gleichermaßen einseitig ausgerichtete Deutungsmodelle, welche die *Elegien* auf ihre jeweiligen eigenen Deutungsvorgaben hin reduzierten (z.B. auf die Kunst- bzw. Künstlerproblematik) und so die Komplexität und Heterogenität des Zyklus zwangsläufig verfehlen mussten.

Neben dieser weitverbreiteten Tendenz zum Reduktionismus kennzeichnet die *Elegien*-Forschung von ihren Anfängen bis zum heutigen Tag ein weiteres – methodisches – Phänomen. So wählten die meisten Interpreten als bevorzugte Darstellungsform die Interpretation entlang der Textchronologie (mit der *Ersten Elegie* beginnend, mit der *Zehnten Elegie* endend). Diese Methode hat ihre unbestrittenen Vorzüge, denn sie operiert stets nah am Text und ist auf diese Weise sehr gut in der Lage, die Entwicklung der 'Elegien-Dramaturgie' genau nachzuvollziehen; ihre große Gefahr besteht jedoch andererseits darin, dass sie, anstatt die Texte tatsächlich zu interpretieren, oftmals nur Paraphrasen der einzelnen Elegien liefert, die zur Erhellung übergeordneter Fragestellungen meist nur wenig beitragen können.

Um diesem Umstand Rechnung zu tragen, habe ich für meine Untersuchung eine andere, dezidiert *systematisch* ausgerichtete Darstellungsform gewählt, welche sich inhaltlich an zwei Hauptgesichtspunkten orientiert: a) den *Hauptthemen* der *Duineser Elegien* und b) ihren wesentlichen strukturellen und formalästhetischen *Konstituenten*. Eine solche systematische Darstellung bietet gegenüber einer reinen textchronologischen Interpretation den Vorteil, dass sie besser geeignet ist, elegienübergreifende Themen zusammenhängend und im Hinblick auf den Gesamtzyklus zu erörtern, ohne an den Verlauf respektive die Grenzen der jeweiligen Einzelelegien gebunden zu sein.

Der *Erste Teil* umfasst mit den Gliederungspunkten 1–5 die *Hauptthemen* der *Duineser Elegien*: 'Engel', 'Liebe', 'Tod', 'Verwandlung' und 'Bewusstsein'. Der *Zweite Teil* (6–10) beschreibt Form und Funktion ihrer wesentlichen *Strukturkonstituenten*: 'Räumliches', 'Akustisches' und 'Zyklisches'; sodann gibt er eine Aufstellung verschiedener *kommunikativer Strategien,* die in den *Elegien* zum Tragen kommen, den Abschluss bildet ein Kapitel, in dem exemplarisch die *kompositorische Struktur* dreier Einzelelegien analysiert werden soll. Selbstverständlich ist es angesichts der thematischen Fülle und des Facettenreichtums der *Duineser Elegien* geboten, sich auf eine Auswahl der wesentlichen Themen zu beschränken. Auch im Bereich der Strukturkonstituenten erschien es mir ratsam, nur einige wenige, dafür aber zentrale Fragen anzusprechen.[1]

---

[1] Allgemeines zur Zitierweise: In den Fußnoten erscheint jeweils nur bei dem ersten Nachweis der volle Titel eines von mir zitierten Werks. Im Folgenden genügt bei solchen Autoren, die nur mit einem Titel im Literaturverzeichnis vertreten sind, die Nennung des Nachnamens sowie die Angabe der entsprechenden Seitenzahlen, bei solchen, die mit mehreren Titeln vertreten sind, erfolgt ab der zweiten Nennung zusätzlich die Angabe des entsprechenden Kurztitels.

Der Einfachheit halber erfolgt der Stellennachweis bei Zitaten aus dem Elegientext in Klammern unmittelbar nach dem jeweiligen Zitat; römische Zahlen verweisen auf die jeweils zitierte Elegie, arabische Zahlen auf die entsprechende/n Verszahl/en, z.B. hieße (III, 5-10) aufgelöst: die Verse 5 bis 10 der *Dritten Elegie*. Falls das unmittelbar darauf folgende *Elegien*-Zitat wiederum aus der selben Elegie stammen sollte, verzichte ich auf die erneute römische Bezifferung. Folgen im laufenden Text in kurzem Abstand mehrere Kurzzitate aufeinander, dann bezieht sich jeweils die letzte Stellenangabe auf alle vorangegangenen, nachweislosen Einzelzitate.

1. Die mythopoetische Figur des Engels

Der Engel ist mit Recht als die wichtigste mythopoetische[2] Erfindung der *Duineser Elegien* anzusehen. Als literarische Figur bevölkert er zwar bereits seit dem *Stundenbuch* ausnahmslos alle Rilkeschen Gedichtzyklen; im Unterschied zu den Dichtungen der frühen und mittleren Werkphase, die allesamt noch einem konventionellen, biblisch geprägten Engelsbild verpflichtet sind, trägt der *Elegien*-Engel des Spätwerks jedoch deutlich autonomere Züge. Rilke selbst hebt den Abstand des Engels der *Duineser Elegien* vom jüdisch-christlichen Engelsbild in dem berühmten und oft zitierten Brief an seinen polnischen Übersetzer Witold Hulewicz vom 13. 11. 1925 hervor; darin heißt es knapp: „Der 'Engel' der *Elegien* hat nichts mit dem Engel des christlichen Himmels zu tun (eher mit den Engelsgestalten des Islam) ..."[3] Es soll hier nicht mein Anliegen sein, Rilkes etwas apodiktische Äußerung auf ihren religionswissenschaftlichen Wahrheitsgehalt hin zu überprüfen,[4] vielmehr gilt es, den Engel als literarische Konstruktion zu identifizieren und seine Funktion im Rahmen der Einzelelegien wie des Gesamtzyklus zu bestimmen. Dies mag zwar der mythisch-religiösen Suggestivkraft, welche diese Gestalt auf gut zwei Forschergenerationen ausüben konnte, einen gewissen Abbruch tun, kann jedoch die wissenschaftliche Auseinandersetzung vor einem – leider oft zu beobachtenden – Abgleiten ins Esoterische bewahren helfen.

Mit Ausnahme der *Dritten*, *Sechsten* und *Achten Elegie* ist die Figur des Engels in allen weiteren sieben Elegien vertreten. Der Engel steht sowohl am Anfang der *Ersten* als auch der *Zehnten Elegie*, gibt also gemessen am Kriterium der Textchronologie den Rahmen ab, innerhalb dessen sich die *Elegien*-Dramaturgie abspielt; gemessen an der Textgenese verhält es sich ähnlich: Als Adressat der allerersten Verse der *Ersten* wie auch der allerletzten Verse der zuletzt entstan-

---

[2] Zur Begriffsbildung vgl. ENGEL, Manfred: Rainer Maria Rilkes 'Duineser Elegien' und die moderne deutsche Lyrik. Zwischen Jahrhundertwende und Avantgarde. Stuttgart 1986. S. 154–162 (= Kapitel „Mythos und Allegorie").

[3] RILKE, Rainer Maria: Briefe in zwei Bänden. Hg. v. Horst NALEWSKI. Frankfurt am Main 1991. Bd. 2. S. 377.

[4] Vgl. HELLER, Erich: Improvisationen zur ersten der Duineser Elegien. In: *Blätter der Rilke-Gesellschaft*. Heft 10 (1983). S. 71. – Heller wirft Rilke in seinem Essay vor, er „[betreibe] auf ein wenig dilettantische Weise vergleichende Religionswissenschaft", „als er seinem polnischen Übersetzer [...] sagte, der Engel der Elegien habe nichts mit den Engelswesen der jüdisch-christlichen Tradition gemeinsam [...]"

I. Hauptthemen

denen *Fünften Elegie* markiert er die absoluten Anfangs- und Endpunkte im zehnjährigen Entstehungsprozess. Allein schon anhand dieser wenigen, formalen Befunde lässt sich die zentrale Rolle dieser Figur ablesen.

1.1 Allgemeine Charakterisierung des Engels

Die *Duineser Elegien* kennen mit der 'relationistischen' sowie der 'absoluten' Charakterisierung zwei Arten der Bestimmung dessen, was man als Wesen oder Natur des Engels bezeichnen könnte. Die relationistische Charakterisierung beschreibt sein Wesen stets im Hinblick auf den Menschen. Die Funktionen, die der Engel in Bezug auf den Menschen einnimmt, sind dabei das maßgebliche Bestimmungskriterium. Die *Elegien* legen rein quantitativ ihren Akzent auf die relationistische Bestimmungsvariante, ihr gegenüber spielt die absolute Charakterisierung nur eine sehr marginale Rolle.

1.1.1 'Absolute' Charakterisierung

Aus der *Ersten Elegie* wissen wir zunächst einmal nur, dass die Engel in „Ordnungen" (I, 2) existieren. Die *Zweite Elegie* fragt am Schluss ihrer Eingangsstrophe explizit nach dem Dasein der Engel, um in der Folgestrophe eine regelrechte Definition derselben zu geben. Demnach sind die Engel als 'Lieblingskinder der Schöpfung' vorzustellen: „Frühe Geglückte, ihr Verwöhnten der Schöpfung, / Höhenzüge, morgenrötliche Grate / aller Erschaffung" (II, 10-12). Besonders auffällig an dieser Charakterisierung ist die topographische Metaphorik der ersten Verse: Die Engel erscheinen imposant wie eine Gebirgslandschaft im Licht des Morgenrots. Abrupt allerdings wird die alpine Bildlichkeit zugunsten der – im weiteren Verlauf des Elegienzyklus zentralen – Fruchtbarkeitsmetaphorik fallengelassen: Als „Pollen der blühenden Gottheit" (12) tragen die Engel zu deren Fortpflanzung bei.

Bereits diese Vorstellung ist logisch jedoch kaum noch mit dem erstgenannten Definitionsansatz zu vereinbaren; sie mündet in folgendes Paradox:[5] Als *Geschaffene* muss man – gemäß der Begriffslogik – die Engel zwangsläufig als eine *Emanation* (d.h. Hervorbringung, eigentlich *Ausfluss*) der Gottheit ansehen. Als Erzeugnisse dieser Gottheit aber können die Engel ihrerseits schwerlich dieselbe – gewissermaßen in einem neuerlichen Schöpfungsakt, dem der Be-

---

[5] Rilkes poetische Konzeptionen halten – mit dieser Einsicht wird man als Interpret der *Duineser Elegien* immer wieder konfrontiert – oftmals einer streng logischen Prüfung nicht stand; als Dichtungen sind sie daher am angemessensten über deskriptive Verfahren bzw. eine genaue Analyse ihrer Bildlichkeit dem Verständnis zu erschließen.

1. Die mythopoetische Figur des Engels

fruchtung – wieder *zeugen* helfen. Es sei denn, man wirft sämtliche traditionellen Gottesbegriffe über Bord, nach denen Gott als schlechthin ungeschaffen, d.h. als jeglicher Schöpfung präexistierend, gedacht werden muss, sondern wendet ein strikt organologisches Schöpfungskonzept an, wonach man das Seiende als Geschaffenes und zugleich als sich selbst fortzeugende göttliche Schöpfung betrachten kann.

Man tut Rilkes Dichtung im Allgemeinen und der Engelsfigur der *Elegien* im Besonderen jedoch vermutlich unrecht, wenn man sie am Maßstab theologischer Dogmatik messen möchte, denn der Hauptakzent der hier angesprochenen definitorischen Einzelaspekte dürfte weniger auf ihrer logischen Konsistenz liegen, als auf einer zweifelsohne ihre Wirkung nicht verfehlenden, eindrucksvollen Bildlichkeit. Diese speist sich aus verschiedenen Einzelmomenten: der Erhabenheit und Größe des Engels („Höhenzüge"), der Luzidität, d.h. seiner Licht-Natur („morgenrötlich" – 11; „Gelenke des Lichts" – 13), einer eigentümlichen architektonischen Metaphorik („Gänge", „Treppen" – ebd.) sowie seiner wesentlich ontisch-emotionalen Existenz („Wesen", „Wonne", „Gefühl" – 14f.). Als abschließendes Charakteristikum ist seine „Spiegel"-Natur (16) anzuführen, die uns im weiteren Verlauf der Untersuchung noch ausführlich beschäftigen wird.

1.1.2 'Relationistische' Charakterisierung

Aufschlussreicher als diese wenigen absoluten Charakterisierungen scheinen mir jedoch die Funktionen zu sein, die der Engel in Bezug auf den Menschen ausübt. Drei Hauptfunktionen lassen sich unterscheiden: Der Engel dient erstens in seiner Stärke und Unerreichbarkeit als idealisiertes Gegenbild des Menschen, er ist zweitens Adressat des lyrischen Ich, und in seiner absoluten Losgelöstheit von allen Beschränkungen irdischer Existenz fungiert er drittens als Zeuge menschlicher Kulturleistungen sowie als Legitimierungsinstanz des dichterischen „Auftrags" (vgl. IX, 70).

1.1.2.1 Der Engel als Gegenbild des Menschen

Am eindrücklichsten formuliert die *Erste Elegie* den Abstand und die Überlegenheit des Engels gegenüber dem Menschen. Dem Engel wird hier ein „stärkeres Dasein" (I, 4) zugesprochen, das für das Ich der *Elegien* potenziell „tödliche" (II, 2) Konsequenzen haben könnte, für den – allerdings unwahrscheinlichen – Fall, dass „einer mich plötzlich ans Herz [nähme]" (I, 2f.). Ein ähnlich bedrohliches Szenario entwirft auch die *Zweite Elegie*: „Träte der Erzengel jetzt, der gefährliche, hinter den Sternen / eines Schrittes nur nieder und her-

I. Hauptthemen

wärts: hochauf- / schlagend erschlüg uns das eigene Herz" (II, 7-9). Die Engel im Allgemeinen und der „Erzengel" im Besonderen sind als „schrecklich" (I, 7 und II, 1) gekennzeichnet, sie sind gleichsam von einer Aura des Destruktiven umgeben. Bemerkenswert ist in diesem Zusammenhang aber vor allem der Umstand, dass es gar nicht der Engel wäre, der als Agierender die Zerstörung des Menschen herbeiführte, sondern der Mensch selbst, genauer das menschliche Herz, das uns „hochaufschlagend" erschlüge. Der Engel scheint für den Menschen also so etwas wie ein Katalysator dessen eigener Vernichtung zu sein, das Exekutivorgan der Zerstörung aber wäre unser eigenes Herz, das sinnbildliche Zentrum unseres Gefühls.

Was aber das Fühlen angeht, so sind wir dem Engel darin weit unterlegen. Die *Neunte Elegie* attestiert dem Engel, dass „er [im Weltall] fühlender fühlt" (IX, 53f.). In der Tatsache seines intensiveren Fühlens liegt für uns seine Gefährlichkeit (II, 7) begründet. Das Übermaß seines Fühlens gefährdet uns dann, wenn wir mit ihm in näheren Kontakt treten; schon die kleinste Annäherung wäre demnach ausreichend, uns in einen hypertrophen emotionalen Zustand zu versetzen, den wir als Menschen nicht zu ertragen in der Lage wären. In diesem Sinn muss die vielzitierte Passage vom „[Schönen] als des Schrecklichen Anfang" (I, 4f.) verstanden werden. Das Schöne ist das uns – gerade noch – erträgliche Maß an emotionaler Erfülltheit. Damit ist nicht primär und schon gar nicht ausschließlich nur der Bereich angenehmer oder 'schöner' Gefühle gemeint, sondern die Tatsache menschlichen Fühlenkönnens, menschlicher Emotionalität überhaupt; dafür spricht nicht zuletzt die hohe Wertschätzung der „Schmerzen" vor allem zu Beginn der *Zehnten Elegie* (vgl. X, 5-15). Steigt der Grad der emotionalen Erfüllung jedoch über die Grenzen unseres Fassungsvermögens an, so „überfüllt [es uns]" (VII, 68), das „Schöne" schlägt ins – für uns – „Schreckliche" um, und wir müssen daran zugrunde gehen.

Im „stärkeren Dasein" des Engels kommt das *Strukturprinzip der Gegenbildlichkeit* am deutlichsten zum Ausdruck. Die gegenbildlich-kontrastive Darstellungsweise dient primär dazu, im Spiegel des Engels als des 'Ganz-Anderen' den Bereich des Menschlichen schärfer konturiert erfassen zu können. So verweist die Ansiedelung des Engels im „Weltraum" (I, 18; II, 29), oder präziser „hinter den Sternen" (II, 7), den Menschen in die Grenzen des „Irdischen" (I, 87; IX, 15f). Dort ist er wie alles Materielle dem Naturgesetz der Vergänglichkeit unterworfen. Doch im Gegensatz zu den Engeln, denen nachgesagt wird, dass sie als *„Spiegel* [...] die entströmte eigene Schönheit / wiederschöpfen zurück in das eigene Antlitz" (II, 16f.),

1. Die mythopoetische Figur des Engels

„[verflüchtigen] wir, wo wir fühlen" (18), wir „lösen" (30) uns spurlos in den Weltraum auf, aber ohne diesem – in der eigenwilligen *Elegien*-Metaphorik – von unserem menschlichen „Geschmack" (vgl. 29f.) etwas mitteilen zu können.

Ähnlich diskrepant verhält es sich hinsichtlich der Einschätzung des Todes. Während der Mensch den Tod gewöhnlich als etwas vom Leben fundamental zu Unterscheidendes auffasst, stehen die Engel für eine grundsätzliche Ununterscheidbarkeit von Leben und Tod ein:

> Engel (sagt man) wüssten oft nicht, ob sie unter / Lebenden gehn oder Toten. Die ewige Strömung / reißt durch beide Bereiche alle Alter / immer mit sich und übertönt sie in beiden. (I, 82-85)

1.1.2.2 Der Engel als Adressat des lyrischen Ich

Bereits in der *Ersten Elegie* ist der „Schrei" des lyrischen Ich an einen oder mehrere Repräsentanten „aus der Engel Ordnungen" (I, 1f.) gerichtet. Dort allerdings geschieht das Adressieren nicht ausdrücklich, sondern wird lediglich als bloße Handlungsmöglichkeit erwogen; dementsprechend ist der Modus des Verbs auch der Irrealis. In der *Zweiten Elegie* dagegen ist das „Ansingen" (II, 2) bereits Realität, was die Indikativform unterstreicht. Der resignative, bis zur äußersten Ängstlichkeit reichende Sprachgestus dieser beiden in der ersten Arbeitsphase (Januar/Februar 1912) entstandenen Elegien verweist auf den anscheinend unüberbrückbaren Abstand zwischen der menschlichen und der Engelsexistenz und betont zudem das offenbar vom Engel ausgehende Destruktionspotenzial (vgl. I, 7 und II, 1-3). Doch der bereits im Übergang der Verbmodi (vom Irrealis zum Indikativ) angelegte affirmative Zug, der in der *Zweiten Elegie* im trotzigen „dennoch [...] ansing ich euch, fast tödliche Vögel der Seele" (II, 1f.) zum Ausdruck kommt, deutet auf eine Veränderbarkeit dieses zunächst als quasi-naturgesetzlich festgelegt erscheinenden Kräfteverhältnisses zwischen Engel und Mensch hin.

So befindet sich das Ich in der *Fünften, Siebenten* und *Neunten Elegie* dem Engel gegenüber in einer ungleich gesicherteren Position. Der Umgangston hat gleichsam den Charakter persönlicher Vertrautheit angenommen. Der Engel wird nun direkt und ausdrücklich vom Ich angesprochen (z.B.: „O staune, Engel, denn *wir* sinds, / wir, o du Großer, erzähls, dass wir solches vermochten" – VII, 75f.), auch wird er vom lyrischen Ich mit Aufgaben betraut, für die er selbst (als Mensch bzw. Künstler) als untauglich gekennzeichnet ist (z.B.: „Engel! o nimms, pflücks, das kleinblütige Heilkraut. / Schaff eine Vase, verwahrs! Stells unter jene, uns *noch* nicht / offenen Freuden" – V, 58-61). Das gesteigerte Selbstbewusstsein des Künstler-Ich

I. Hauptthemen

reicht allen andernorts geäußerten Bescheidenheitsgesten zum Trotz (vgl. z.B. IX, 52-54) schließlich so weit, dass es zum Engel, um dessen Kommen bislang so heftig geworben wurde, nun sagen kann:

> Glaub *nicht*, dass ich werbe. / Engel, und würb ich dich auch! Du kommst nicht. Denn mein / Anruf ist immer voll Hinweg; wider so starke / Strömung kannst du nicht schreiten. Wie ein gestreckter / Arm ist mein Rufen. Und seine zum Greifen / oben offene Hand bleibt vor dir / offen, wie Abwehr und Warnung, / Unfaßlicher, weitauf.
> (VII, 85-92)

Damit ist der Gipfelpunkt der an Selbstüberhebung grenzenden Affirmation des Menschlich-Künstlerischen erreicht. Doch darf keineswegs übersehen werden, dass selbst jener selbstherrlich-hybride Gestus sogleich wieder relativiert wird, wenn das Ich den von ihm vermittels seines „Anrufes" auf Abstand gehaltenen Engel einen „Unfaßlichen" nennt, der sich „weitauf" befindet. Dies deutet auf eine nach wie vor bestehende fundamentale Unerreichbarkeit des Engels hin. Diese Ambivalenz bringt das poetische Bild des *„gestreckten Arms"* zum Ausdruck, mit dem das Rufen des Ich verglichen wird. Während der Arm primär der „Abwehr und Warnung" dient, so verfolgt die „zum Greifen oben offene Hand" gerade die entgegengesetzte Absicht: Sie befindet sich in der Position, die es ihr ermöglichen könnte, den sich über ihr befindlichen Engel zu ergreifen und zum Ich herabzuziehen, oder sinnbildlich gesprochen, ihn zu 'be*greifen*'.

1.1.2.3 Der Engel als Zeuge menschlicher Kulturleistungen

Der Engel der *Duineser Elegien* ist – und hier geht man sicherlich nicht fehl, wenn man die im Hulewicz-Brief betonte grundsätzliche Unterscheidung vom biblisch-theologischen Engel ernst nimmt – kein Engel der Verkündigung, kein Überbringer göttlicher Botschaften im klassisch biblischen Verständnis. Seine Funktion ist eine diametral entgegengesetzte: Im gesamten Zyklus fungiert er als Adressat, als metaphysischer Ansprechpartner des Menschen (Künstlers). Der Mensch bedarf des Engels, um sich sowohl seine eigene psycho-physische Existenz wie auch seine genuin menschlich-kulturellen Leistungen vom Engel bezeugen zu lassen. Er benötigt also den Engel, um von ihm für sich und seine Hervorbringungen gleichsam den 'metaphysischen Segen' zu erhalten.

In der *Siebenten* und *Neunten Elegie* formuliert Rilke das, was von der Forschung zu Recht als 'Verwandlungspoetik' bezeichnet worden ist.[6] Rilke lässt sein lyrisches Ich in der *Neunten Elegie* den

---

[6] Vgl. RILKE: *Werke*. Bd. 2. S. 619f. (Kommentar ENGEL).

1. Die mythopoetische Figur des Engels

„drängende[n] Auftrag [der Erde]" zur „Verwandlung" (IX, 70) des vergänglichen Irdischen erkennen und diesen poetisch artikulieren. Der Dichter, dessen Aufgabe darin besteht, dem Engel die Welt zu „preisen" (52), bedarf der teilnehmenden Aufmerksamkeit des Engels und vor allem dessen zustimmender Anerkennung des Irdisch-Menschlichen. Denn allein im zeit- und vergänglichkeitsenthobenen Bewusstsein des Engels kann das Irdische selbst dem Zugriff der Zeitlichkeit entzogen werden und so erst einen bleibenden Wert erhalten.

> Preise dem Engel die Welt, nicht die unsägliche, *ihm* / kannst du nicht großtun mit herrlich Erfühltem [...] Drum zeig / ihm das Einfache, das, von Geschlecht zu Geschlechtern gestaltet, / als ein unsriges lebt, neben der Hand und im Blick. / Sag ihm die Dinge. Er wird staunender stehn; wie du standest / beim Seiler in Rom, oder beim Töpfer am Nil. / Zeig ihm, wie glücklich ein Ding sein kann, wie schuldlos und unser [...] (52-59)

In seiner Unerreichbarkeit, die darauf beruht, dass er dem erosiven Prozess der Vergänglichkeit entzogen ist, kann der Engel für den Menschen, für dessen kulturelle Leistungen (Musik, Architektur, Liebe) wie für die Gesamtheit alles Irdisch-Vergänglichen (die „einfachen Dinge") als höheres Referenzsystem fungieren, in dessen Rahmen auch diese menschlichen Leistungen aufgewertet und gleichsam gegen den ansonsten unweigerlich einsetzenden Zugriff der Vergänglichkeit konserviert würden. In diesem Sinn heißt es in der *Siebenten Elegie*:

> Dies *stand* einmal unter Menschen, / mitten im Schicksal stands, im vernichtenden, mitten / im Nichtwissen-Wohin stand es [...] Engel, / *dir* noch zeig ich es, *da!* in deinem Anschaun / steh es gerettet zuletzt, nun endlich aufrecht. / Säulen, Pylone, der Sphinx, das strebende Stemmen [...] des Doms. (VII, 67-74)

Indem das Ich der *Elegien* dem Engel die (in diesem Fall architektonischen) Leistungen des Menschen zeigt, bewirkt er deren „Rettung", deren Aufbewahrung im zeitenthobenen Blick, im „Anschaun" des Engels. Dieses Zeigen vollzieht sich nun als deiktischer Sprechgestus im Medium dichterischer Sprache. Das Zeigen und mithin das dichterische Aussagen, das „Sprechen" und „Bekennen" (vgl. IX, 43), erlangt seinen vollen Sinn erst durch die Absicherung gegenüber den Erosionskräften der Zeitlichkeit, die der Engel dem poetischen Wort gewährt. Ohne diese aus dem Bereich des Menschlichen ausgelagerte metaphysische Instanz, die gleichsam als Personifikation eines unermesslich großen kulturellen Gedächtnisses verstanden werden darf, dessen 'gespeicherte' Informationen gegen

I. Hauptthemen

jedwedes Vergessen als abgesichert zu gelten hat, wäre die dichterische Leistung – vor dem Hintergrund der Vergänglichkeit – ungleich weniger wert. Der Engel ist von daher mit Recht als diejenige Instanz anzusehen, von der die Dichtung erst ihre volle Legitimation erhält.

1.2 Gegenwartskritik

Als Medium der Gegenwartskritik – einem wichtigen *Elegien*-Motiv – dient der Engel in der Eingangsstrophe der *Zweiten Elegie*. Die Argumentation ist denkbar einfach: Früher, d.h. in biblischen Zeiten, war es dem Menschen noch relativ leicht möglich, in einen direkten Kontakt zu den Engeln, ja sogar zu den „strahlendsten" (II, 4) unter ihnen, den „Erzengeln" (7), zu treten. Rilke spielt in dieser Passage auf das apokryphe Buch *Tobias* an, in dem berichtet wird, wie der junge Tobias in Begleitung eines als Menschen verkleideten Engels eine lange Reise unternimmt, um für seinen Vater Schulden einzutreiben.[7] Bereits eine einfache „Verkleidung" (5) reichte damals aus, dass der Engel dem „Jüngling" (6) als seinesgleichen erscheinen konnte und er somit für den Menschen jegliche Bedrohlichkeit verlor.[8] Dies ist den 'Heutigen' nicht mehr vergönnt; sie könnten selbst die geringste Annäherung des Engels nicht verkraften und müssten an seinen geistig-emotionalen Übermaßen zugrunde gehen.

Diesen divergenten Bewertungen liegt dabei die seit Schillers Abhandlung *Über naive und sentimentalische Dichtung* topisierte idealistische Denkfigur zugrunde, nach der die Menschen einer nie genauer datier- oder spezifizierbaren, oft mythisch verklärten Vorzeit noch 'naiv' und harmonisch in alle Lebenszusammenhänge eingebettet waren, ohne ihrem eigenen Schicksal in reflexiver Brechung gegenüber zu stehen. Der moderne Mensch (d.h. der Mensch seit dem 18. Jahrhundert) dagegen hat aufgrund seiner reflexiven Grunddisposition jene ursprüngliche Daseinsharmonie verloren; sein Bezug zur Welt ist ein 'sentimentalischer', gekennzeichnet durch die Sehnsucht nach einer Rückkehr in einen derartigen Zustand einerseits und das Wissen um dessen Unerreichbarkeit andererseits. In der Unwissenheit über die wahre Natur seines Begleiters liegt demnach die Harmlosigkeit des Engels in den „Tage[n] Tobiae" begründet, auf dem Bewusstsein (nicht so sehr der übermensch-

---

[7] Vgl. TOBIAS 5, 5f.

[8] Es ist ein bemerkenswerter Umstand, dass, sobald die Argumentationslogik des Gedichts dies verlangt, Rilke sofort bereit ist, anstelle der mythopoetischen Engelsinstanz sogleich einen anthropomorphen und durchaus den traditionellen biblischen Vorstellungen entsprechenden Engel einzusetzen und so seine eigenen Warnungen – zumindest partiell – außer Acht zu lassen.

1. Die mythopoetische Figur des Engels

lichen Stärke des Engels als vielmehr) der tiefen menschlichen Schwäche beruht die immense Gefahr für die 'Heutigen'.

2. Liebe

2.1. Die Liebe als Möglichkeit zur Überwindung der menschlichen Daseinsaporien

Mit den Liebenden ist derjenige Menschentypus angesprochen, auf den die *Duineser Elegien* die größten Hoffnungen zur Lösung der Aporien der *conditio humana* setzen. Im *Elegien*-Kontext sind damit die – im Prinzip unlösbaren – Grundprobleme menschlicher Existenz gemeint. Zum einen die Beschränkungen des menschlichen Bewusstseins, die beim Menschen zu einer 'verkehrten' Weltwahrnehmung und mithin zu einem pervertierten Weltverhalten geführt haben; die *Erste Elegie* bringt diese defizitäre menschliche Haltung auf das griffige Schlagwort der „gedeuteten Welt" (I, 13). Zum anderen die Grunderfahrung der Vergänglichkeit alles Irdischen, d.h. der belebten wie auch der unbelebten Umwelt.

Das Besondere an der Vergänglichkeitsdarstellung innerhalb der *Duineser Elegien* ist, dass sie der topischen Klage über die Endlichkeit des menschlichen Lebens die Klage über die Vergänglichkeit der Dinge zur Seite stellen. Damit sind vor allem so genannte 'Kultur-Dinge' gemeint, menschliche Artefakte, deren Dasein für den Menschen von eminenter Wichtigkeit ist, da sie das Gesicht seiner Lebenswelt zu einem wesentlichen Teil bestimmen und ihm erst eigentlich einen Orientierung und Sicherheit gewährenden humanen Bezugsrahmen bilden. Eine besondere Brisanz erfährt dieser Aspekt deshalb, weil gerade im Bereich jener anthropogenen Kultur-Dinge sich nach Einschätzung des lyrischen Ich in dessen aktueller Gegenwart eine Zuspitzung des Vergänglichkeits- oder – um mit den Worten der *Siebenten Elegie* zu sprechen – des „Schwund"-Prozesses abzeichnet (vgl. VII, 51f.). In den verschiedenen Arten, sich zur Welt einerseits, zur Vergänglichkeitsproblematik des „Hiesigen" (Endlichkeit der biologischen Existenz, Schwund der Kultur-Dinge – vgl. IX, 11) andererseits zu stellen, liegen die unterschiedlich erfolgversprechenden Möglichkeiten, die Aporien der *conditio humana* zu bewältigen.

Die *Erste Elegie* thematisiert die anthropologische Grunderfahrung der Vergänglichkeit am Beispiel der Konfrontationssituation des Menschen mit der „Nacht" (I, 18). Die Nacht darf in diesem Zusammenhang als Symbol der Vergänglichkeit, wenn nicht gar des Todes selbst, gelesen werden. Die Erfahrung der Nacht ist ebenso wie der Prozess der Vergänglichkeit eine universalanthropologische Unausweichlichkeit, der sich jeder Mensch unweigerlich gegenüber gestellt sieht. Sie ist eine existenzielle Gewissheit, die „dem einzelnen Herzen / mühsam bevorsteht" (20f.). In der Nacht kommt „der

I. Hauptthemen

Wind voller Weltraum[, der] uns am Angesicht zehrt" (18f.), voll zur Geltung. Rilke veranschaulicht das schleichende Vergehen des menschlichen Lebens am Bild des sich von unserem menschlichen Gesicht – als dem unverkennbarsten, uns erst Identität verleihenden Teil unseres Körpers – nährenden Windes, der unser Angesicht in einem langsamen, aber stetigen Prozess aufzehrt und somit bis zu seiner schließlichen Unkenntlichkeit, bis zum Verlust der eigenen Identität erodiert.

Nach der Evaluation der Bedingungen des „einzelnen Herzens", stellt sich nun zwangsläufig die Frage, ob die Nacht „den Liebenden leichter" sei (21), ob sie als gewissermaßen 'vereinte Herzen' dem zehrenden Nachtwind besser Widerstand leisten könnten. Die Antwort hierauf ist ein klares, wenngleich nur implizites Nein: In der Liebe sind sie keineswegs geschützter vor den Erosionskräften von Vergänglichkeit und Tod, sondern sie befinden sich lediglich in einem Zustand gesteigerter 'Täuschung' und Unwissenheit. Als „enttäuschende" (20) jedoch ist die Nacht ohnehin qualifiziert, die Täuschungen – versinnbildlicht als wechselseitige 'Verdeckung' (während der Umarmung mit dem Liebespartner) des ansonsten 'freien Ausblicks' auf die menschlichen Existenzbedingungen – aufzuheben und den Liebenden ihr unweigerliches „Los" (I, 22) aufzuzeigen. In diesem Fall vermögen die Liebenden nicht, die in sie gesetzten Hoffnungen zu erfüllen. Ähnlich negative Einschätzungen lassen sich auch noch an anderen Stellen verzeichnen. Unter Verwendung der identischen Bildstruktur (der des gegenseitigen Verdeckens) illustriert beispielsweise die *Achte Elegie* das Scheitern des Menschen, einen dem kreatürlichen Tierblick entsprechenden freien und unverstellten Ausblick auf „das Offene" (vgl. VIII, 1-42) zu erlangen, um somit die Begrenzung des menschlichen Daseins zu überwinden. Dort heißt es:

> Liebende, wäre nicht der andre, der / die Sicht verstellt,
> sind nah daran und staunen ... / Wie aus Versehn ist ihnen
> aufgetan / hinter dem andern ... Aber über ihn / kommt
> keiner fort, und wieder wird ihm Welt. / Der Schöpfung
> immer zugewendet, sehn / wir [nicht das Offene]. (24-30)

Dem einzelnen Liebenden, der aufgrund seiner besonderen emotionalen Situation begünstigt wäre, seinen Blick von der begrenzten „gedeuteten Welt" (I, 13) weg und hin zum schrankenlosen „Offenen" zu wenden, der somit die ihm von seinem Bewusstsein auferlegten Grenzen zugunsten kreatürlicher Unabgeschlossenheit transzendieren könnte, wird der Gefühlsvorteil sogleich zum optischen Nachteil, denn in der Konzentration auf den Partner, dessen Vorhandensein ihm ja maßgeblich zu seiner emotionalen Ausnahme-

2. Liebe

stellung verholfen hat, ist er außerstande, von diesem 'abzusehen'. Der Partner steht als optisches Hindernis zwischen dem Liebenden und dem Offenen, d.h. jener angestrebten kreatürlichen Existenzweise.

Diese ambivalente Bewertung der Liebe als der größten menschlichen Chance zur Überwindung der aporetischen Daseinsstrukturen einerseits und wiederum als Ursache des Scheiterns an denselben andererseits, diese eigentümliche Mischung aus „Hoffnung" und „Schande" (vgl. II, 43), ist nicht nur kennzeichnend für das Wesen der Liebe, sondern auch charakteristisch für das Mischwesen Mensch überhaupt. Im Unterschied zu den 'reinen' Existenzweisen des Engels (reine Geistigkeit) und der Kreatur (reine Leiblichkeit) verfügt der Mensch zwar über beide Komponenten; diese sind bei ihm jedoch jeweils nur gewissermaßen zur Hälfte ausgebildet. Die 'Halbheit' der menschlichen Anlagen begründet seine Unzulänglichkeit gegenüber den Problemen, mit denen er sich als Mensch konfrontiert sieht.

Die *Duineser Elegien* führen die Liebenden mehrfach als Menschen vor, die, beflügelt von ihrem Gefühl, einander große Versprechungen machen, welche sie dann zumeist nicht einlösen können; entsprechend heißt es in der *Vierten Elegie*: „Treten Liebende / nicht immerfort an Ränder, eins im andern, / die sich versprachen Weite, Jagd und Heimat" (IV, 11-13). An dieser Stelle wird die Diskrepanz von Anspruch und Wirklichkeit deutlich, welche die Liebenden in ihrem Verhältnis zueinander kennzeichnet. Das Versprechen von „Weite", das sie sich geben, kann nicht umgesetzt werden, stattdessen machen die Liebenden immer wieder die gegenteilige Erfahrung einer wechselseitigen Begrenzung: Der Partner wird dem Liebenden zum „Rand", zur Grenze, an der die freischweifende Bewegung der „Jagd" unweigerlich zum Erliegen kommt. Diese dilemmatische und letztlich unbefriedigende Natur der Liebe kommt am deutlichsten in der *Zweiten Elegie* zum Ausdruck. Dort hinterfragt das lyrische Ich das Ewigkeitsversprechen („So versprecht ihr euch Ewigkeit fast / von der Umarmung" – II, 59f.) der Liebenden und entlarvt dasselbe in dem paradoxen Bild der einander „Trinkenden" als uneinlösbar: „Wenn ihr einer dem andern / euch an den Mund hebt und ansetzt –: Getränk an Getränk: / o wie entgeht dann der Trinkende seltsam der Handlung" (63-65). Die (hier als Trinkgefäße vorzustellenden) Liebenden, die sich von der Liebesbegegnung mit dem Partner eine Vermehrung des eigenen Gefäßinhalts versprechen, sehen sich bitter enttäuscht, denn im selben Maße wie sie vom anderen trinken, trinkt dieser auch von ihnen, so dass eine Zunahme der eigenen 'Erfüllheit' ausbleiben muss.

I. Hauptthemen

2.2 Die 'intransitive' Liebe

Alle bisher angeführten Beispiele stammen aus dem Bereich der 'objektbezogenen' Liebe. Diese Form der Liebe, die oben als ambivalent charakterisiert wurde, bedarf des Liebespartners, um als Liebe gleichsam 'aktiviert' zu werden. Jedoch ist, wie wir gesehen haben, eben dieser Partner, oder präziser das Verhaftetsein des Liebenden an den Liebespartner auch Ursache der beschränkenden und begrenzenden Natur jenes Liebesmodus.

Ein weiterer Modus der Liebe in den *Duineser Elegien* ist der der so genannten 'besitzlosen' oder 'intransitiven Liebe'[9]. Diese Form der Liebe verzichtet – nachdem die Liebenden entweder „sich vom Geliebten gelöst oder ihn verloren, sich aber die emotionale Intensität, das gesteigerte Fühlen der Liebe bewahrt"[10] haben – gänzlich auf ihr Liebesobjekt. Gegenüber der durchweg ambivalent konnotierten objektbezogenen Liebe erfährt die intransitive Liebe eindeutig eine positivere Bewertung. Zentrale Figuren des Modells der intransitiven Liebe sind die so genannten 'großen Liebenden'[11]. Dies sind in der Regel historische Frauenpersönlichkeiten, die der Umstand eint, dass sie allesamt von ihrem Geliebten verlassen wurden oder diesen unerwidert liebten. Als berühmteste Beispiele dieser von Rilke hochgeschätzten Frauen sind Bettina von Arnim, die portugiesische Nonne Mariana Alcoforado und nicht zuletzt die italienische Renaissancedichterin Gaspara Stampa zu nennen, der die *Erste Elegie* ein poetisches Denkmal gesetzt hat (vgl. I,45). Allen die-

---

[9] Der Begriff der 'intransitiven Liebe' ist eine Ableitung vom Begriff des „Transitiven", den Rilke im *Malte*-Roman selbst benutzt, um damit das Hauptcharakteristikum konventioneller Liebesbeziehungen zu bezeichnen. Abelone, die junge Tante des Ich-Erzählers, entscheidet sich bewusst gegen die Transitivität und hat somit nicht nur, was die Begriffsbildung angeht, der 'intransitiven Liebe' Patin gestanden: „Ich weiß, sie [Abelone] sehnte sich, ihrer Liebe alles Transitive zu nehmen, aber konnte ihr wahrhaftiges Herz sich darüber täuschen, daß Gott nur eine Richtung der Liebe ist, kein Liebesgegenstand? Wußte sie nicht, daß keine Gegenliebe von ihm zu fürchten war? Kannte sie nicht die Zurückhaltung dieses überlegenen Geliebten, der die Lust ruhig hinausschiebt, um uns, Langsame, unser ganzes Herz leisten zu lassen?" –
(RILKE, Rainer Maria: *Die Aufzeichnungen des Malte Laurids Brigge*. In: DERS.: *Werke. Kommentierte Ausgabe in 4 Bänden*. Hg. v. Manfred ENGEL, Ulrich FÜLLEBORN, Horst NALEWSKI, August STAHL. Frankfurt am Main und Leipzig 1996. Bd. 3. S. 628.)

[10] Ebd. Bd. 2. S. 615 (Kommentar ENGEL).

[11] Rilkes intensive Auseinandersetzung mit diesen Frauengestalten hat u.a. in folgenden Texten literarischen Niederschlag gefunden: Vgl. etwa die Aufsätze *Die fünf Briefe der Nonne Marianna Alcoforado*, *Die Bücher einer Liebenden*, das Drama *Die weiße Fürstin* sowie verschiedene Aufzeichnungen im *Malte*-Roman.

2. Liebe

sen Frauen ist gemeinsam, dass sie den Schmerz über ihre unglücklichen Liebesbeziehungen dichterisch verarbeiteten. Sie setzten somit bereits das um, was die *Erste Elegie* als Handlungsziel erst noch formulieren wird: „Sollen nicht endlich uns diese ältesten Schmerzen / fruchtbarer werden?" (49f.).

Um dichterisches Fruchtbarmachen jener Liebesschmerzen ist es auch dem Ich der *Elegien* zu tun. Anders als die in ihrem eigenen Namen sprechenden und schreibenden Frauen, lässt Rilke hier sein lyrisches Ich die Rolle ihres Advokaten einnehmen; eine Funktion, die es übrigens auch im Zusammenhang mit der Rehabilitation des Todes (der Frühverstorbenen) ausübt (vgl. 61-68). Im Verlauf seiner Reflexion über angemessene Formen des „Brauchens" (vgl. 9f.) stößt es auf die Möglichkeit der dichterischen Verherrlichung oder „Preisung" (39f.) solcher verlassenen Liebenden:

> Sehnt es dich aber, so singe die Liebenden; lange / noch nicht unsterblich genug ist ihr berühmtes Gefühl. / Jene, du neidest sie fast, Verlassenen, die du / so viel liebender fandst als die Gestillten. (36-39)

Der Typus der besitzlos liebenden Frau hat vieles gemein mit zwei weiteren in den *Elegien* vertretenen Menschentypen: dem „Helden" (vgl. hierzu besonders die *Sechste Elegie*) und den so genannten „Früheentrückten" (86). Allen dreien eignet ein gewissermaßen 'heroischer' Wesenszug, insofern sie trotz drohender oder bereits manifest gewordener Verluste (des Liebespartners bzw. des eigenen Lebens) in der Lage sind, einen höheren Grad an Daseinsintensität zu erlangen, als dies gewöhnlichen Menschen möglich ist. So ist dem Helden „selbst der Untergang [...] nur ein Vorwand, zu sein: seine letzte Geburt" (41f.); so erscheinen die „Verlassenen [...] so viel liebender [...] als die Gestillten" (38f.); so gilt es dem lyrischen Ich als „unbeschreiblich", wenn ein Kind „den Tod, / den ganzen Tod, noch *vor* dem Leben so sanft [enthält]" (IV, 82-85). In ihrer eigentümlichen und bisweilen befremdenden Logik zelebrieren die *Duineser Elegien* den Tod und das Verlassenwerden als Möglichkeiten der Steigerung der menschlichen Daseinsintensität. Dabei wird dieser Gedanke jedoch nicht nur thematisch formuliert, sondern auch zusätzlich durch die Bildstruktur eindrucksvoll unterstrichen. Ausgehend vom „gesteigerten Beispiel" der Gaspara Stampa, die „irgend ein[em] Mädchen" (I, 46-48) als Vorbild dienen soll, entwickelt die *Erste Elegie* das Gleichnis von Pfeil und Sehne:

> Sollen nicht endlich uns diese ältesten Schmerzen / fruchtbarer werden? Ist es nicht Zeit, dass wir liebend / uns vom Geliebten befrein und es bebend bestehn: / wie der Pfeil die Sehne besteht, um gesammelt im Absprung / *mehr* zu sein als er selbst. Denn Bleiben ist nirgends. (I, 49-53)

I. Hauptthemen

Die menschlichen Ausnahmeerscheinungen der 'großen Liebenden', des „Helden" und der „frühe Hinüberbestimmten" verkörpern – ungeachtet ihrer nur sehr begrenzt vorhandenen lebensweltlichen Praktikabilität – in den *Elegien* die dem Menschen offen stehenden Möglichkeiten, die Beschränkungen der gedeuteten Welt teilweise zu überwinden und sich somit der idealisierten Existenzform des Offenen zumindest ein Stück weit anzunähern.

2.3 Die 'leichte Gestaltung des Triebs' am Beispiel der *Dritten Elegie*

Ein weiteres Liebeskonzept, das mit dem Modell der intransitiven Liebe nur mehr in einem Punkt – dem der 'Objektlosigkeit' – übereinstimmt, sich aber ansonsten grundlegend von diesem unterscheidet, stellt die *Dritte Elegie* vor.[12] Es ist dies das Konzept einer rein triebhaft bestimmten Liebe, einer nicht am möglichen Liebespartner orientierten, sondern sich allein aus den Triebquellen des eigenen Innern speisenden Sexualität. War die intransitive Liebe die klare Domäne des Weiblichen, so ist im Bereich der 'Trieb-Liebe' der Mann eindeutig tonangebend. Im Nebeneinander dieser beiden so unterschiedlichen Liebesmodelle erstaunt die Tatsache ihrer Gleichberechtigung; dies überrascht umso mehr, als Rilke in der Diskussion der intransitiven Liebe den Mann seiner „absolute[n] Liebesunzulänglichkeit" bezichtigt und dessen immensen Nachholbedarf gegenüber der Frau herausstellt:

> [Der Mann war] für die Liebe auch gar nicht genügend vorbereitet [..., er] hat sich (die Heiligen ausgenommen) seit der Antike überhaupt nicht in die Liebe eingelassen [...] ich erwarte, daß der Mann, der Mann des 'neuen Schlags', der dabei ist, vorläufig 'in die Brüche zu gehen', nach dieser, ihm gewiß sehr gesunden Pause, für ein paar Jahrtausende zunächst, die Entwicklung zum 'Liebenden' auf sich nimmt, eine lange, eine schwere, ihm völlig neue Entwicklung.[13]

In der *Dritten Elegie* erscheint das Blatt im Geschlechterverhältnis zugunsten des Mannes gewendet, denn in dieser nimmt nun die Frau (in ihren beiden im Gedichtkontext relevanten Rollen als Sexualpartnerin und Mutter) die Position derjenigen ein, die Grundlegendes über das Wesen speziell der männlichen Sexualität erst noch zu lernen hat. Das lyrische Ich tritt in der Rolle des Dozenten auf, während das Mädchen, die 'künftige Geliebte' des Jünglings, zur bloßen Adressatin seiner belehrenden Ausführungen degradiert

---

[12] Vgl. RILKE: *Werke*. Bd. 2. S. 637-639 (Kommentar ENGEL).
[13] RILKE: *Briefe in zwei Bänden*. Bd. 1. S. 388f. (an Annette KOLB, 23. 1. 1912).

2. Liebe

ist.[14] Es herrscht, so erfahren wir im Eingangsabschnitt, eine grundlegende Differenz zwischen dem, was man – in Anlehnung an Nietzsches berühmte Kategorisierung aus seiner Schrift *Die Geburt der Tragödie aus dem Geiste der Musik* – die 'apollinische' bzw. die 'dionysische' Liebe nennen könnte. Dabei stellt sich die apollinische Variante gleichsam als die 'harmlosere' dar, die, was ihre poetische Darstellung anbelangt, auch vergleichsweise unproblematischer handhabbar erscheint („Eines ist, die Geliebte zu singen" – III, 1). Als bei weitem größere literarische Herausforderung nimmt sich dagegen die künstlerische Gestaltung des Dionysisch-Triebhaften aus („Ein anderes, wehe, / jenen verborgenen schuldigen Fluß-Gott des Bluts" – 1f.); nicht zuletzt deshalb, weil die Liebesdichtung hier nicht mehr im eigentlichen Sinn über einen adäquaten Gegenstand (die Geliebte) verfügt. Sie ist objektlos geworden, wie auch auf der anderen Seite die Liebe selbst keine objektive äußere Motivation mehr aufzuweisen hat. Dionysische Liebe wie dionysische Liebesdichtung sind beide gleichermaßen darauf angewiesen, sich im menschlichen Innern selbst ihre Motivation respektive ihren Dichtungsgegenstand zu suchen. Diese Suchbewegung in den Tiefen der Triebdimension der menschlichen (oder genauer: der männlichen) Psyche vollzieht die *Dritte Elegie* in einem Prozess der introspektiven Auslotung des eigenen Innern nach. So lässt die Elegie ihren dichtungstheoretischen Überlegungen postwendend konkrete poetische Taten folgen, indem sie selbst den Versuch eines solchen dionysisch gestimmten Gedichts verkörpert.

Die dichterische Aufwertung des Sexualtriebes (zu einem gleichberechtigten Gegenentwurf der gemäßigten apollinischen Liebe), die Rilke auch an anderer Stelle (beispielsweise in den so genannten *Sieben Gedichten*[15]) anstrebt, bezeugt seine gedankliche Nähe zu Freuds psychoanalytisch-sexualtheoretischen Positionen. Und in ganz ähnlicher Weise wie die Psychoanalyse Freuds, die bestrebt ist, aus dem Bewusstsein ins Unbewusste verdrängte Gedächtnisinhalte zu bergen und sie dem Patienten zu einer bewussten Verarbeitung wieder zugänglich zu machen, verfolgt Rilke mit seiner Dichtung das Ziel,

> überall unsere alten Verdrängungen zu korrigieren, die uns die Geheimnisse entrückt und nach und nach entfremdet haben, aus denen wir unendlich aus dem Vollen

---

[14] Ähnlich belehrend und 'von oben herab' nehmen sich auch die Äußerungen des lyrischen Ich gegenüber den irrtümlicherweise aus ihren „schwächlichen Gräbern" auferstandenen „Mädchen" in der *Siebenten Elegie* aus. Sie werfen ein durchaus zweifelhaftes Licht auf Rilkes Geschlechterrollenverständnis!

[15] Vgl. RILKE: *Werke*. Bd. 2. S. 136-138.

I. Hauptthemen

leben könnten. Die Furchtbarkeit hat die Menschen erschreckt und entsetzt: aber wo ist ein Süßes und Herrliches, das nicht zu Zeiten *diese* Maske trüge, die des Furchtbaren? Das Leben selbst – und wir kennen nichts außer ihm – ist es nicht furchtbar?[16]

Bezeichnenderweise ist es genau diese Metapher des „Furchtbaren" (III, 59), welche die *Dritte Elegie* dominiert. Diese beschreibt den Sexualtrieb in einer mythologischen Personifikation als „des Blutes Neptun [mit] sein[em] furchtbare[n] Dreizack" (III, 8), als „Fluß-Gott des Bluts" (2), der im Jüngling die „Nacht zu unendlichem Aufruhr" „aufruf[t]" (7). All dies geschieht wohlgemerkt ohne einen konkreten äußeren Reiz, ohne Stimulation durch den Liebespartner („als wäre sie [das Mädchen] nicht" – 5). Die Liebe, wie die *Dritte Elegie* sie schildert, ist personenunabhängig, ist Ausdruck einer rein vitalistischen Dimension im Innern des Jünglings, deren er selbst bislang nicht gewahr wurde („was weiß er / selbst von dem Herren der Lust" – 3f.), die aber mit aller Macht in ihm durchbricht. Dies konnte selbst seine Mutter nicht verhindern, die über Jahre hin „ihm einfach / mit der schlanken Gestalt wallendes Chaos [vertrat]" (29f.), d.h. ihn vor allen realen wie eingebildeten Bedrohungen behüten konnte. Im bewusstlosen Zustand des Schlafs ist er jedoch dem beschützenden Eingreifen der Mutter entzogen und dem Furchtbaren ausgeliefert.

Der mit der Zentralmetapher des Furchtbaren aufs Engste verbundene Bereich des eigenen Innern, „seines Inneren Wildnis, / diese[s] Urwald[s] in ihm" (53f.), hat für den Jüngling durchaus ambivalente Konnotationen. Einerseits drückt das Innere als Sitz des Furchtbaren bzw. des „Schrecklichen" (60) eine bedrohliche Qualität aus, so dass es nur zu plausibel erscheint, wenn der Jüngling sein „Verstrickt"-Sein (49) überwinden möchte bzw. aus dem „dunkele[n] Umgang", den sein Inneres für ihn darstellt, „entspringen" will (22f.). Andererseits aber üben jene „ältere[n] Schrecken" (20), die der „berührende Anstoß" (21) des Mädchens in ihm auslöst, eine unwiderstehliche Anziehungskraft auf den Jüngling aus, der er nachgeben muss. Er lässt sich ein (48) auf das, was er in den Tiefen seines Innern vorfindet: eine üppige Vegetation in „würgendem Wachstum" (51), eine innere wilde Landschaft mit „Schluchten" (58), „Gebirgs"-Formationen (71), einem „trockenen Flußbett" (72). All diese topographischen Phänomene sind wiederum aufs Engste verknüpft mit dem „älteren Blut" (58), in das er hinabsteigt, sie stehen metaphorisch für die ununterbrochen in seinem Innern fortwirkende

---

[16] RILKE, Rainer Maria: *Die Briefe an Gräfin Sizzo (1921-1926)*. Wiesbaden 1950. S. 40f.

2. Liebe

Ahnenreihe „einstiger Mütter" (73) und Väter, die als archaische Anlage bereits vor seiner Geburt (65) in ihm wirksam waren und dem „Mädchen [...] zuvor" kamen (75). Das gespaltene Verhältnis des Jünglings zu seinem Innern wird aber gleichwohl und in einer signifikanten Begriffshäufung als „Liebe" bezeichnet. In der liebenden Annahme der als furchtbar charakterisierten Trieb- und Instinktdimension verliert das Bedrohliche seine Schrecken, es hört auf, etwas „Entsetzliches" (61) zu sein, sondern wandelt sich – in genauer Umkehrung jenes Gedankens der *Ersten Elegie* – zu etwas durchaus Schönem. Man könnte, wenn man so will, im Rahmen der *Dritten Elegie* also vom 'Schrecklichen als dem Anfang des Schönen' sprechen.

Jedoch redet Rilke hier keineswegs einer ungehemmten Trieb- und Sexualkultur das Wort, die jegliche personale Bindungen zwangsläufig negieren müsste. Die Annahme des Dionysischen kann nur vertreten werden, wenn auf der anderen Seite ein apollinisches Gegengewicht platziert wird, das die totale Auflösung jedweder zwischenmenschlichen Beziehungsstrukturen ins Amorphe (vgl. die Flüssigkeitsmetaphorik der ersten Strophe) verhindert. Die strenge artistische Durchformung der Elegie ist die augenfällige ästhetische Seite dessen, dem auf inhaltlicher Ebene der Appell des Gedichts an das Mädchen entspricht: die Triebnatur des Jünglings zu humanisieren oder zu „mäßigen" (vgl. II, 79): „O leise, leise, / tu ein liebes vor ihm, ein verläßliches Tagwerk, – führ ihn / nah an den Garten heran [...] Verhalt ihn ......" (III, 81-85)

3. Tod

Der Tod ist thematisch in den *Duineser Elegien* fast im gleichen Maß vertreten wie die Liebe. Ebenso wie diese findet er in allen zehn Elegien Erwähnung; mit Ausnahme der *Zweiten* und *Dritten Elegie*, in denen der Tod nur eine marginale Rolle einnimmt, beansprucht er ansonsten überall eine zentrale Position. Überblickt man Rilkes Gesamtwerk, so ist der Tod neben der Liebe dasjenige Thema, das ihn in allen Phasen seines literarischen Schaffens am kontinuierlichsten beschäftigt hat; sein Hauptanliegen in den *Duineser Elegien* ist dessen Rehabilitierung.

3.1 Die Rehabilitierung des Todes in der *Ersten Elegie*

Die *Erste Elegie* artikuliert dieses Anliegen, das sich in ähnlicher Weise wie der poetische Imperativ des „Sprich und bekenn" (vgl. IX, 43) gewissermaßen als ein von außen an den Dichter erteilter 'Auftrag' ausnimmt, folgendermaßen:

> Es rauscht jetzt von jenen jungen Toten zu dir. / [...] redete nicht [...] ruhig ihr Schicksal dich an? [...] Was sie [die jungen Toten] mir wollen? leise soll ich des Unrechts / Anschein abtun, der ihrer Geister / reine Bewegung manchmal ein wenig behindert.(I, 61-68)

Das lyrische Ich, das sich vom Schicksal dieser „jungen Toten" angesprochen fühlt, ist bestrebt, das gesellschaftliche Vorurteil, das im (frühzeitigen) Tod eines jungen Menschen ein Unrecht sieht, zu entkräften. Das Ich weiß, ebenso wie jene jungen Toten, dass ein früher Tod im Gegenteil geradezu eine Auszeichnung bedeuten kann: Es ist „unbeschreiblich", „den ganzen Tod [...] noch *vor* dem Leben so / sanft zu enthalten" (IV, 83-85). Rilke geht sogar soweit, den jungen Toten eine „Überlegenheit"[17] gegenüber den Lebenden zuzuschreiben; in ihrem vorzeitigen Tod seien sie den Lebenden gewissermaßen voraus, „sich innen genügend, als hätten sie im Todeskampf erst recht die Frucht des Lebens aufgebissen und erkosteten nun endlich die Tiefen ihrer Süßigkeit"[18].

Den selben Gedanken, nur anders perspektiviert, bringt auch die *Siebente Elegie* zum Ausdruck. Hier ist es das lyrische Ich selbst, das aus eigenem Antrieb und aus seinem besseren Wissen heraus einer Gruppe von jungen toten Mädchen die Rückkehr zur Erde auszure-

---

[17] An Magda von HATTINGBERG, 16. 2. 1914. – Zitiert nach FÜLLEBORN, Ulrich und ENGEL, Manfred (Hg.): *Materialien zu Rainer Maria Rilkes 'Duineser Elegien'*. 3 Bde. Frankfurt am Main 1980/1982. Bd. 1 (*Selbstzeugnisse*). S. 99.

[18] Ebd.

den sucht.[19] Verglichen mit den jungen Toten der *Ersten Elegie* erweisen sich die „aus schwächlichen Gräbern" (VII, 31) an die Erdoberfläche zurückdrängenden Mädchen als uneinsichtig und belehrungsbedürftig. „Schicksal", lässt das Ich der Elegie die Mädchen wissen, ist eben nicht – wie diese fälschlicherweise annehmen – „mehr [...] als das Dichte der Kindheit" (36). Es genügt nach Rilkes Verständnis also vollauf, wenn man in seiner Kindheit ein einziges Mal, und sei der Zeitraum ein auch noch so kleiner, „eine Stunde [...], vielleicht nicht / ganz eine Stunde, ein mit den Maßen der Zeit kaum / Meßliches zwischen zwei Weilen [...] Die Adern voll Dasein" (42-45) hatte, um die Essenz des Lebens begreifen und unverlierbar behalten und voller Überzeugung ausrufen zu können: „Hiersein ist herrlich" (39). Es ist wenig wahrscheinlich, dass die hier angesprochenen Elenden („dem Abfall Offene[n]" – 41f.) solch pathetischen und realitätsfernen Parolen gegenüber viel Verständnis aufbringen könnten. Aber man würde den Kerngedanken der Rilkeschen Todesdeutung grundlegend missverstehen, wollte man die Maßstäbe sozialer wie psychischer Wirklichkeit an ein in letzter Konsequenz rein philosophisch-ästhetisch Konzept anlegen. Denn dass solche Postulate, wollte man sie wirklich auf die menschliche Lebenspraxis übertragen, zutiefst problematisch, ja zynisch wirken müssen, versteht sich von selbst.

3.2 Der Tod als Komplementärhälfte des Lebens

Es ist Rilkes Absicht, die Aussöhnung des Menschen mit dem Tod wenn nicht zu bewirken, so doch zumindest die Möglichkeit einer solchen bejahenden Annahme der „um ihre größere Hälfte [d.h. den Tod] erweiterten, nun erst *ganzen*, nun erst *heilen* Welt"[20] literarisch zu gestalten. Rilkes Auffassung nach liegt ein Grundfehler der Weltanschauung des modernen Menschen darin, dass er eine allzu strikte Unterscheidung zwischen Leben und Tod eingeführt hat, mit

---

[19] Diese Stelle erinnert in manchen Aspekten an die Eingangspassage des im Herbst 1908 entstandenen *Requiem für eine Freundin* (d. i. Paula Modersohn-Becker, die ein Jahr zuvor bei der Geburt einer Tochter gestorben war): „Ich habe Tote, und ich ließ sie hin / und war erstaunt, sie so getrost zu sehn, / so rasch zuhaus im Totsein, so gerecht, / so anders als ihr Ruf. Nur du, du kehrts / zurück; du streifst mich, du gehst um, du willst / an etwas stoßen, daß es klingt von dir / und dich verrät. O nimm mir nicht, was ich / langsam erlern. Ich habe recht; du irrst / wenn du gerührt zu einem Ding / ein Heimweh hast. Wir wandeln dieses um; es ist nicht hier; / es ist nicht hier [...] Ich glaubte dich viel weiter. Mich verwirrts, / daß *du* gerade irrst und kommst, die mehr / verwandelt hat als irgend eine Frau." (RILKE: *Werke*. Bd. 1. S. 414.)

[20] RILKE: *Briefe in zwei Bänden*. Bd.2. S. 375 (an Witold HULEWICZ, 13. 11. 1925).

3. Tod

der Konsequenz, dass der Tod – ganz ähnlich übrigens wie die dionysisch-triebbestimmte Liebe – systematisch aus unserem Leben verdrängt wurde. Die Korrektur eben dieser Verdrängungen ist das lyrische Ich zu leisten bemüht, wenn es – indem es „des Unrechts Anschein abtu[t]" – den jungen Toten wieder zur „reine[n] Bewegung" „ihrer Geister" verhilft (I, 67f.). Wieder sind es briefliche Äußerungen, die Rilkes sehr eigenwillige Todesdeutung klarer und prägnanter auf den Begriff bringen als die zu so genannten „lyrischen Summen"[21] komprimierte Elegiendichtung. Demnach ist es Rilkes erklärtes Ziel, „ein völlig vorwurfsloses Todesverhältnis zu versuchen"[22]. In einem Brief an Gräfin Sizzo vom 6. 1. 1923, der die gleiche Intention verfolgt, beklagt Rilke, dass wir 'Heutigen' des „Schlüssels" verlustig gegangen seien,

> der erlaubte, das Wort 'Tod' *ohne* Negation zu lesen; wie der Mond, so hat gewiss das Leben eine uns dauernd abgewendete Seite, die *nicht* sein Gegen-Teil ist, sondern seine Ergänzung zur Vollkommenheit, zur Vollzähligkeit, zu der wirklichen heilen und vollen Sphäre und Kugel des Seins. [...] Ich will nicht sagen, dass man den Tod *lieben* soll; aber man soll das Leben so großmütig, so ohne Rechnen und Auswählen lieben, dass man unwillkürlich ihn (des Lebens abgekehrte Hälfte) immerfort mit ein-bezieht, ihn mit-liebt [...] Nur weil wir den Tod ausschließen in einer plötzlichen Besinnung, ist er mehr und mehr zum Fremden geworden, und da wir ihn im Fremden hielten, ein Feindliches. [...] Meine Arbeit [die *Elegien*] hat vielleicht nur noch den *einen* Sinn und Auftrag, von dieser Einsicht, die mich so oft unerwartet überwältigt, immer unparteiischer und unabhängiger [...] seherischer vielleicht, wenn das nicht zu stolz klingt [...] Zeugnis abzulegen, [...] unser effort, mein ich, kann *nur* dahin gehen, die *Einheit* von Leben und Tod vorauszusetzen, damit sie sich uns nach und nach erweise.[23]

---

[21] Vgl. RILKE, Rainer Maria: *Briefe aus Muzot (1921 bis 1926)*. Leipzig 1936. S. 220. – Daß seine späten Dichtungen durchaus Verständnisschwierigkeiten in sich bargen, war Rilke klar. In einem Brief an Nanny von Escher äußert er sich zum Verständnisproblem seiner Dichtung: „ Vieles, darüber täusche ich mich nicht, wird Ihnen schwer zugänglich sein im Verlauf und Zusammenhang der Verse. [...] Aber es liegt im Wesen dieser Gedichte [der *Duineser Elegien* und der *Sonette an Orpheus*], in ihrer Kondensierung und Verkürzung (darin, wie sie häufig lyrische Summen nennen, statt die Posten anzureihen, die zum Ergebnis nötig waren), daß sie mehr angelegt erscheinen, mittels der Eingebung des Gleichgerichteten, als mit dem, was man 'Verstehen' nennt, allgemein erfaßt zu werden."

[22] An Else JAFFÉ, 14. 11. 1915. – Zitiert nach: FÜLLEBORN/ ENGEL. Bd. 1. S. 138.

[23] RILKE: *Gräfin Sizzo*. S. 37f.

I. Hauptthemen

Rilke will diesen Ausführungen zufolge den Tod als Komplementärhälfte des Lebens verstanden wissen; Tod und Leben zusammengenommen ergeben demnach erst das ganze, vollzählige Leben. Und erst im Zustand der Wiedervereinigung dessen, was der neuzeitliche Mensch – unter tätiger Mitwirkung „alle[r] modernen Religionen"[24] – getrennt hatte, kann es dem Menschen gelingen, im Sein, in seinem persönlichen Leben, zu einem umfassenden 'Heilsein' zu gelangen, wie es der „Kreatur" der *Achten Elegie* oder dem „gesicherten Bergtier" aus dem 1914 entstandenen Gedichtfragment *Ausgesetzt auf den Bergen des Herzens* von Natur aus gegeben ist.[25] Der Mensch, dem sein Selbstbewusstsein diese kreatürlichgesicherte Form der Daseinsunmittelbarkeit verwehrt, muss sich in einem konfliktreichen Prozess erst zu jener umfassenden Annahme des ganzen Daseins durchringen. Das lyrische Ich formuliert diesen Schritt in der *Neunten Elegie* expressis verbis: „Erde, du liebe, ich will. [...] Namenlos bin ich zu dir entschlossen [...] Immer warst du im Recht, und dein heiliger Einfall / ist der vertrauliche Tod" (IX, 71-76). Unausgesprochen vollzogen ist er jedoch bereits von der *Ersten Elegie* an. Nicht nur in der Rehabilitierung des Todes der „Früheentrückten" (I, 86) oder im gleichberechtigten Geltenlassen verschiedener Liebesmodelle, sondern auch im Ausüben des dichterischen Auftrags im Angesicht einer von Grund auf poesiewidrigen Epoche kommt diese kompromisslose Annahme einer so und nicht anders gegebenen Welt zum Ausdruck.[26] Der Tod ist nicht als „konträr"[27]

---

[24] Vgl. ebd. S. 282: „Ich werf es allen modernen Religionen vor, daß sie ihren Gläubigen Tröstungen und Beschönigungen des Todes geliefert haben, statt ihnen Mittel ins Gemüt zu geben, sich mit ihm zu vertragen und zu verständigen."

[25] Vgl. RILKE: *Werke*. Bd. 2. S. 116: „[...] Aber der Wissende? Ach, der zu wissen begann / und schweigt nun, ausgesetzt auf den Bergen des Herzens. / Da geht wohl, heilen Bewußtseins, / manches umher, manches gesicherte Bergtier, wechselt und weilt. Und der große geborgene Vogel / kreist um der Gipfel reine Verweigerung . – Aber / ungeborgen, hier auf den Bergen des Herzens ...."

[26] Das im Januar 1912 entstandene und zum Umkreis der *Elegien* zu zählende Gedicht *Soll ich die Städte rühmen* spricht die unbedingte Bereitschaft zur Annahme der modernen Welt bereits zu diesem frühen Zeitpunkt deutlich aus: „Soll ich die Städte rühmen, die überlebenden / (die ich anstaunte) großen Sternbilder der Erde. / Denn nur zum Rühmen noch steht mir das Herz, so gewaltig / weiß ich die Welt. Und selbst meine Klage / wird mir zur Preisung dicht vor dem stöhnenden Herzen. / Sage mir keiner, daß ich die Gegenwart nicht / liebe; ich schwinge in ihr; sie trägt mich, sie giebt mir / diesen geräumigen Tag, den uralten Werktag / daß ich ihn brauche [...] Auch bei dem leisesten Auftrag / säng ich sie gerne." (RILKE:*Werke*. Bd. 2. S. 36.) – Neben dem Moment der Klage enthält dieses Gedicht nicht nur den komplementären Gedanken der

zum Leben stehend vorzustellen, vielmehr repräsentiert er die von uns verdrängte andere Hälfte des Lebens, durch deren Hinzukommen das Sein erst seine „Vollzähligkeit" erlangen kann.

Wie haben wir uns den Tod nun konkret vorzustellen? Zur Beantwortung dieser Frage ist es erneut die *Erste Elegie*, die uns am besten Auskunft über die wesentlichen Konstituenten dieses Zustands geben kann. Die *Erste Elegie* ließe sich von daher auch mit Recht als die zentrale Grundlegung der wesentlichen *Elegien*-Themen charakterisieren.

3.3 Der Tod als perspektivenabhängiges Phänomen

Versucht man sich über den Zustand klar zu werden, in den die Verstorbenen mit ihrem Tod eingehen, so ist es unerlässlich, dabei die unterschiedlichen Perspektiven zur Kenntnis zu nehmen, aus denen das lyrische Ich den Tod beleuchtet. Aus dem Blickwinkel der Lebenden, der jeweiligen Elterngeneration zumal, ist der Tod eines Kindes oder eines Jugendlichen natürlich als etwas Furchtbares anzusehen, als ein gleichsam vom Schicksal über das Kind verhängtes „Unrecht" (I, 66). Ganz anders nimmt sich die Einschätzung des Todes aus der Perspektive der Engel aus, jener „uns übertreffenden Wesen", für die es „*weder ein Diesseits noch Jenseits* [gibt], *sondern die große Einheit, in der* [sie] *zu Hause sind*"[28] Engel unterscheiden nicht zwischen Leben und Tod, ja sie sind hierzu auch offenbar gar nicht in der Lage, wenn die Annahme, auf die sich das lyrische Ich stützt, zutrifft, denn „Engel (sagt man) wüssten oft nicht, ob sie unter / Lebenden gehn oder Toten" (I, 82f.). Verantwortlich für die fehlende Differenzierungsfähigkeit ist die in „beiden Bereichen" (Leben und Tod) wirksame „ewige Strömung", die Lebende wie Tote gleichermaßen mit sich „reißt" und sie in beiden Bereichen „übertönt" (83-85), d.h. sie (akustisch) einstimmt auf die beiden Bereichen zugrunde liegende gemeinsame 'Harmonie'.

Für die (jungen) Toten selbst ist das „Totsein" primär ein ungewohnter, „seltsamer" (I, 71) Zustand, an den man sich in einem langsamen Lernprozess erst gewöhnen muss: Das „Totsein ist mühsam und voller Nachholn, dass man allmählich ein wenig / Ewigkeit spürt" (78-80). Charakteristisch hierfür ist der Umstand, dass das

---

Preisung oder Rühmung, sondern auch den des Auftrags. Sämtliche in den *Elegien* zur Sprache kommenden möglichen 'Welthaltungen' sind also bereits in der ersten Arbeitsphase grundgelegt und eben nicht erst das Resultat eines zehnjährigen 'Ringens' mit der modernen Welt.

[27] An Adelheid von der MARWITZ, 11. 9. 1919. – Zitiert nach FÜLLEBORN/ENGEL. Bd. 1. S. 162.

[28] RILKE: *Briefe in zwei Bänden*. Bd. 2. S. 375 (an Witold HULEWICZ, 13. 11. 1925).

I. Hauptthemen

unerlässliche Inventar, womit das Leben für uns ausgestattet war und durch welches es für uns erst bewältigbar wurde, im Tod zur völligen Bedeutungslosigkeit degradiert ist. Weder „Gebräuche" (70), die unserem täglichen Leben eine sinnvolle Struktur verliehen haben mögen, noch solche „Dinge" (71), denen wir gewohnt waren die „Bedeutung menschlicher Zukunft" (72) zu assoziieren, noch der „eigene Name" (74) als Signum unserer personalen Identität, sind uns im Tod noch von Nutzen. Die Bezüge, die unserem irdischen Leben einen festen Zusammenhalt gegeben haben, können im Tod nicht fortbestehen, sie lösen sich auf, sie „flattern" – bildlich gesprochen – „lose im Raume" (77f.) wie aufgelöste Bänder, die bis dahin die Aufgabe erfüllten, den einzelnen, heterogenen Elementen unseres Lebens Kohärenz und Stabilität zu verleihen. Das im Anfangsstadium des Todes dominante Gefühl der Seltsamkeit verwandelt sich im Verlauf des Entwöhnungsprozesses vom Irdischen in einen Seelenzustand der „zeitlosen Gleichmut" (X, 48), der sich markant abhebt von der die irdische Existenz zeitlebens beherrschenden „Ängstlichkeit" (I, 73).

Neben dem oben dargestellten Unrechtsvorwurf veranschaulicht die *Erste Elegie* noch eine weitere Reaktion der Lebenden auf den vorzeitigen Tod eines jungen Menschen: Während die „Früheentrückten" unserer bald nicht mehr bedürfen und sich „des Irdischen sanft [entwöhnen], wie man den Brüsten / milde der Mutter entwächst" (86-88), und sie den Tod – dem Helden ähnlich – wie eine weitere Geburt respektive wie eine zweite Kindheit erleben, ist es umgekehrt so, dass die Lebenden offenbar nicht ohne die Toten sein können (vgl. 90). Doch aller Trauer zum Trotz, die der Tod bei den Hinterbliebenen auslöst, deutet die *Erste Elegie* doch auch eine positive und kunstschöpferische Dimension an, die im Tod begründet ist. In einem Rekurs auf einen ihrer Ursprungsmythen wird die Entstehung der Musik gedeutet als eine spontane Reaktion des „erschrockenen Raum[s]" (93) auf den gewaltsamen Tod des griechischen Halbgottes Linos. Nach dessen Ermordung, so Rilkes eigenwillige Interpretation des antiken Mythos, sei ein „beinah göttlicher Jüngling [dem Raum] / plötzlich für immer [enttreten]" und habe dort eine Leere – oder „ein Leeres", wie der Text sagt – hinterlassen, das „in jene / Schwingung [die Musik] geriet, die uns jetzt hinreißt und tröstet und hilft" (91-95).

Der enge, ja ursächliche Zusammenhang von Tod und Kunst lässt sich im Gesamtzyklus noch an einem weiteren Beispiel nachweisen. In der *Fünften Elegie* sind es die Liebenden, denen im Tod das glückt, was ihnen, „die's hier / bis zum Können nie bringen" (V, 96f.), im Leben versagt bleiben musste, nämlich „ihre kühnen / ho-

3. Tod

hen Figuren des Herzschwungs, ihre Türme aus Lust" (97-99) zur Aufführung zu bringen. Vor einer aus „unzähligen lautlosen Toten" (102) bestehenden idealen Zuhörerschaft, die deutlich mit der negativ gezeichneten „Rose des Zuschauns" (19) der Eingangspartie kontrastiert wird, gelingt den Liebenden das, was den *Saltimbanques* in ihrer auf bloße artistische Perfektion angelegten Verbissenheit (ihrer „scheinlächelnden Unlust" – 25) nicht gelingen konnte: „wahrhaft [zu] lächeln" (106).

3.4 Die Mythopoesie des Todes in der *Zehnten Elegie*

Die *Zehnte Elegie* stellt den Versuch dar, den Tod aus der Perspektive der Lebenden (d.h. der Hinterbliebenen) unter dem Aspekt seiner emotionalen Bewältigung mit den bereits bekannten Mitteln der Mythopoesie dichterisch zu gestalten. Mit den beiden mythopoetischen Grundkonstituenten „Leid-Stadt" und „Leidland" ist das antithetische Spannungsfeld vorgegeben, innerhalb dessen sich die Dramaturgie der *Zehnten Elegie* bewegt. Dabei ist die Leid-Stadt – wie alles Städtische in den *Elegien* überhaupt – deutlich negativ gezeichnet; sie gilt als Ort von Falschheit und Fremdheit, Verdrängung, Zerstreuung und Lärm (vgl. X, 16-33). Das Leidland dagegen – ebenso wie z.B. der imaginäre Ort am Schluss der *Fünften Elegie*, der als klarer Gegenpol zur Pariser Großstadtwirklichkeit des Gedichteingangs konzipiert ist – gilt als Bereich der Wahrhaftigkeit und der ungeschminkten Realität (vgl. 34-40).

Innerhalb der Begrenzungen der Leid-Stadt dominieren zwei Lokalitäten, die wesentlich deren unwahrhaften und beschönigend-euphemistischen Charakter ausmachen: der „Trostmarkt" (20) mit seiner ihn begrenzenden „Kirche" (21) sowie der „Jahrmarkt" (23). Beide sind als Zentren der Täuschung über die wahre Natur von Leben und Tod anzusehen; dies lässt sich allein schon an den verwendeten Adjektiven („falsch" – 17, „vergoldet" – 19, „behübscht" – 25) ablesen. Eine grelle Bildlichkeit und kühne, zum Teil bewusst paradox angelegte Beschreibungen tragen zur Vermittlung der geräuschvoll schwindelerregenden Atmosphäre bei, die dort herrscht. Die Funktion der beiden Stadtzentren lässt sich bereits an ihren Namen ablesen. Der Trostmarkt dient dem käuflichen Erwerb eines gleichsam als Massenartikel vermarkteten, vorgeformten und normierten Trosts. Die Kirche, von der man im Trauerfall persönlichen Zuspruch erwarten sollte, hält als „fertig gekaufte" (21) lediglich gleichermaßen gebrauchsfertige Standardtrostphrasen bereit. Diese dienen nicht einer produktiven Trauerarbeit, sondern bestenfalls der „Übertönung" (17) der Trauer. Die selbe Intention verfolgt auch der Jahrmarkt. Mit einer ganzen Reihe zweifelhafter Vergnügungen und

I. Hauptthemen

laut „werben[den], trommeln[den] und plärr[enden]" (29) Kuriositäten soll von Trauer und Tod abgelenkt werden. Statt mit der Existenz des Leids konfrontiert zu werden, bekommen die Jahrmarktbesucher „Freiheit" und „Glück" (24f.) vorgegaukelt.

In einem harten Schnitt, der graphisch durch die Auslassungspunkte hervorgehoben ist, verlässt die Elegie den städtischen Bereich des Jahrmarkts und überschreitet die Schwelle zum Leidland:

> .... Oh aber gleich darüber hinaus, / hinter der letzten Planke, beklebt mit Plakaten des 'Todlos', / jenes bitteren Biers, das den Trinkenden süß scheint, / wenn sie immer dazu frische Zerstreuungen kaun ..., / gleich im Rücken der Planke, gleich dahinter ists wirklich. / Kinder spielen, und Liebende halten einander, – abseits, / ernst, im ärmlichen Gras, und Hunde haben Natur. (34-40)

Bezeichnenderweise sind es wieder Kinder und Liebende als diejenigen menschlichen Repräsentanten, die am ehesten geeignet erscheinen, dem hohen Wirklichkeitsethos der *Zehnten Elegie* gerecht zu werden. Sie kommen der in der *Achten Elegie* ausführlich dargestellten und hier nur angedeuteten kreatürlichen Existenzweise des Offenen am nächsten. Sie bedürfen nicht der oben erwähnten Betäubungen, die der Genuss des Biers mit dem sprechenden Namen „Todlos" den Trinkenden gewährt. Denn in ihrer charakteristischen Selbstgenügsamkeit, in ihrem selbstvergessenen Spielen (vgl. auch IV, 65-75), erscheinen Kinder und Liebende zwar „ernst", aber gleichzeitig auch geschützt vor den Schrecken des Todes.

In der Eingangsstrophe der *Zehnten Elegie* artikuliert das lyrische Ich im Modus des Optativs seine Hoffnung, „dereinst" (X, 1) in der Lage zu sein, Leid und „Schmerzen" nicht länger zu „vergeuden" (10), d.h. lediglich auf ihr möglichst rasches Ende zu hoffen, sondern umgekehrt sie als essenziellen Bestandteil des menschlichen Seelenlebens annehmen zu können, als „unser winterwähriges Laub, unser dunkeles Sinngrün" (13f.). Wie das Laub eines immergrünen Gewächses haften uns die Schmerzen als gewichtiges Signum unserer emotionalen Existenz immer an und sind, so die Gedankenführung des lyrischen Ich, sogar als sinnstiftendes Moment unseres Daseins zu erachten und durchaus positiv zu bewerten als der Bereich – „nicht nur / Zeit-, [sondern] Stelle, Siedelung, Lager, Boden, Wohnort" (14f.) –, in dem sich unser Leben wesentlich abspielt.

Diese produktive Annahme von Leid und Schmerzen ist es auch, die im Gang der (personifizierten) „Klage" und des toten „Jünglings" durch das Leidland dramatisch inszeniert wird. Unter der Führung der „älteren Klage" beschreitet der verstorbene Jüngling auf einem prozessionsartigen Weg die verschiedenen Stationen des Leidlands, deren Geschichte und Bedeutung ihm die Klage im Stil

3. Tod

einer Reiseführerin sachkundig erklärt. Abstrahiert man die mythopoetische Einkleidung, so lässt sich diese Szenenfolge lesen als die allegorische Gestaltung des Loslösungsprozesses der Hinterbliebenen vom Verstorbenen im Rahmen einer gesellschaftlich noch fest verankerten Klagekultur. Diese kulturell institutionalisierte Form der Totenklage existiert in der Gegenwart des lyrischen Ich so nicht mehr. Wie die Dingwelt des Hiesigen ist auch sie in einem beklagenswerten Schwund- oder Degenerationsprozess begriffen, der zwar offenbar nicht aufgehalten, wohl aber in Dichtung transformiert werden kann. Diese könnte dann zumindest als Erinnerungsdokument Zeugnis vom ehemaligen (und vielleicht zukünftig wieder erreichbaren) Kulturniveau geben: „Wir waren [...] ein Großes Geschlecht, einmal, wir Klagen. [...] Einst waren wir reich" (55-60).

Der Weg durch das Leidland nimmt seinen Ausgang „im Tal", „wo sie [die Klagen] wohnen" (54) und führt „durch die weite Landschaft der Klagen" (61) mit ihren Relikten ehemaliger Macht und Größe, den „Säulen der Tempel oder [den] Trümmer[n] / jener Burgen, von wo Klage-Fürsten das Land / einstens weise beherrscht" (62-64). Im 'Heute' des lyrischen Ich befindet es sich bezeichnenderweise in einem ruinösen Zustand. Abend und Nacht sind der Besichtigung der Grabstätten als den augenfälligen Monumenten einer einstmals intakten Klagekultur gewidmet, dessen eindrucksvollstes sicherlich „das über Alles / wachende Grab-Mal [darstellt]. Brüderlich jenem am Nil, / der erhabene Sphinx" (73-75).[29] Zuletzt nennt die Klage dem Jüngling „die Sterne des Leidlands" (88) mit ihren symbolträchtigen Namen (vgl. 88-95), bevor dieser „einsam [...] in die Berge des Urleids" (104), seine im wahren Wortsinn 'letzte Ruhestätte', steigen muss.

Die Beobachtung, dass er dieses letzte Wegstück ganz allein zurücklegen muss und dass „nicht einmal sein Schritt klingt aus dem tonlosen Los" (105), dass also mit dem Betreten jener Berge des Urleids keinerlei Geräusche mehr zurückhallen können, verweist auf

---

[29] Ägypten, das Rilke während seiner Nordafrikareise (November 1910 bis März 1911) bereist hat, stellt sicherlich eine wesentliche Inspiration zum Entwurf des „Leidlands" der *Zehnten Elegie* dar, allerdings wäre es grundfalsch, wollte man beide einfach gleichsetzten; Rilke hat davor im Brief an Hulewicz (13. 11. 1925) zu Recht gewarnt. Von so hoher Bedeutung für den Gesamtzyklus ist Ägypten deshalb, weil es als „Gegenbild zur christlichen Kultur mit ihrer scharfen Dichotomisierung von Leben und Tod, Diesseits und Jenseits [dienen kann], da hier das Totenreich als unmittelbare Fortsetzung des irdischen Lebens [...] gedacht wurde" (RILKE: *Werke*. Bd. 2. S. 695 – Kommentar ENGEL). – In Ägypten wäre damit gleichsam das schon seit jeher verwirklicht, was 'heute' im Abendland erst wieder neu zu erlernen wäre: die Auffassung von Leben und Tod als komplementären Teilen ein- und desselben 'erweiterten Seins'.

I. Hauptthemen

einen 'erfolgreichen' Abschluss der Totenklage. Der Trauerprozess wurde – ohne etwaige 'Abkürzungsversuche' (vgl. 11f.) und ohne Zuhilfenahme ablenkender „Zerstreuungen" (37) – von den Hinterbliebenen bewältigt; ihre Trauer (das Klagen) ist in letzter Konsequenz identisch mit den allegorischen Figuren jener personifizierten Klagen. Und auch der Zustand der Geräuschlosigkeit, in den der Tote schließlich eintritt, spiegelt noch weitaus mehr als die besonderen im Leidland herrschenden Gegebenheiten ein humanpsychologisches Phänomen wider. So ist nämlich die Totenklage als eine Zeit sich intensiv äußernder Emotionalität anzusehen, die sich bei den Trauernden in Form von Schluchzen, Weinen, Schreien oder ähnlichen Klagelauten Bahn bricht und somit der Kanalisation ihrer innerlich angestauten Trauer dient. Diese wichtige psycho-soziale Funktion kann die Totenklage nur erfüllen, wenn sie in ihrer vollen Länge und Intensität geleistet wird. Am Ende jenes Prozesses steht das allmähliche Abklingen der Klageäußerungen, eine graduelle Beruhigung der lautlichen Intensität sowie die allmähliche Rückkehr der Hinterbliebenen in ein normales Alltagsleben. Diesen Prozess einer graduellen Entwöhnung (der Hinterbliebenen) vom Toten allegorisiert der Durchgang durch das Leidland. Bei dessen Konstruktion handelt es sich denn auch folgerichtig weniger um den Versuch einer sprachlich-poetischen Gestaltung der objektiven Wirklichkeit des Todes, als vielmehr um eine großangelegte Projektion, welcher ganz eindeutig die Perspektive der Trauernden sowie ihr psychologisches Bedürfnis nach Tröstung zugrunde liegt.

4. Verwandlung

4.1 Der Schwundprozess im Bereich der Ding-Welt als 'aktuelle' Zeiterscheinung

Während in der *Zweiten Elegie* die Flüchtigkeit der menschlichen Existenz (der physischen wie auch der emotionalen) das Hauptthema darstellt, nehmen die *Siebente* und *Neunte Elegie* die selbe Thematik unter veränderten Vorzeichen wieder auf. Zwar gelten auch jenen beiden in der Schlussphase der *Elegien*-Produktion entstandenen Gedichten die Menschen weiterhin als die „Schwindendsten" (IX, 12) bzw. die „Vergänglichsten" (64) unter allen Lebewesen. Trotz dieser konstant bleibenden Evaluation des menschlichen Daseins hat sich aber im Vergleich zur *Zweiten Elegie* eine entscheidende Neubewertung im Bereich der Welt der „Dinge" ergeben, die, was den Gang des Gesamtzyklus angeht, eine weitreichende Akzentverschiebung zur Folge hat. Konnte die *Zweite Elegie* beispielsweise noch mit Nachdruck festhalten: „Siehe, die Bäume *sind*; die Häuser, / die wir bewohnen, bestehn noch. Wir nur / ziehen allem vorbei wie ein luftiger Austausch" (II, 39-41), so konstatiert die *Neunte Elegie*: „Mehr als je / fallen die Dinge dahin" (IX, 43f.); die *Siebente Elegie* notiert die selbe Beobachtung mit anderen Worten:

> Und immer geringer / schwindet das Außen. Wo einmal
> ein dauerndes Haus war, / schlägt sich erdachtes Gebild
> vor, quer, zu Erdenklichem / völlig gehörig, als ständ es
> noch ganz im Gehirne (VII, 51-54)

4.1.1 Der technisch-industrielle Paradigmenwechsel

Die objektive, sichtbare Existenz der Dinge, die gegenüber der zuvor im Zyklus beklagten Vergänglichkeit des Menschen noch als Selbstverständlichkeit angenommen wurde, wird dadurch nun ebenfalls in Frage gestellt: Sie erscheint bedroht von einer in der Gegenwart des lyrischen Ich aufkommenden virulenten Tendenz zur Abstraktheit, die zum einen das äußere Erscheinungsbild der zeitgenössischen Lebenswelt nachhaltig wandelte und zum andern auch die Lebenspraxis der Menschen grundlegend veränderte.[30] Die *Siebente*

---

[30] Die Forschungsergebnisse hierzu sind bislang eher dürftig ausgefallen. Grundsätzlich zustimmen kann man allerdings der Auffassung Manfred Engels, nach der „Rilke [...] hier an einen alten kulturkritischen Topos der Jahrhundertwende [anknüpft], der seit dem Frühwerk zu den festen Orientierungspunkten seiner Weltanschauung und seiner Poetik gehört: Von der Antike über das Mittelalter bis in die Moderne hinein läßt sich ein zunehmendes Schwinden 'sichtbarer Äquivalente' beobachten. Die zivilisatorische Lebenswelt ist abstrakt: Menschliche Bedürfnisse und Sehnsüchte, gesellschaftliche Strukturen,

I. Hauptthemen

Elegie verdeutlicht die Richtung der Rilkeschen Zeitkritik: Mit den „weiten Speichern der Kraft" (Elektrizitätswerke) sowie dem „spannenden Drang" (elektrischer Strom), beide als Produkte des „Zeitgeists" (55f.) apostrophiert, ist die Elektrizität als Energieform und Motor der Moderne schlechthin angesprochen, in der die oben erwähnte Abstraktionstendenz am sinnfälligsten zum Ausdruck kommt.

Rilke hatte bekanntermaßen ein gespaltenes Verhältnis zum technisch-industriellen Paradigmenwechsel, der mit der Industrialisierung in der Mitte des 19. Jahrhunderts in Deutschland einsetzte und der vor allem seit der Jahrhundertwende mit zahlreichen technischen Neuerungen sowie neuen, am amerikanischen Vorbild orientierten Produktionsmethoden das Bild der Gesellschaft (hin zur so genannten 'Massengesellschaft') dauerhaft veränderte. Mit seiner dezidierten Gegenwartskritik zielt er jedoch auf etwas Grundsätzlicheres. Mehr noch als die von Rilke als „Schwund"-Prozess gedeuteten, sich objektiv abzeichnenden Veränderungen der Außenwelt, die sich überwiegend in den Bereichen Architektur (industrielle Zweckarchitektur, Mietskasernen), Infrastruktur und industrieller Produktion (Effizienzsteigerung durch Massenproduktion am Fließband) niederschlagen, beklagt Rilkes lyrisches Ich einen 'heute' zu verzeichnenden Bewusstseinswandel, den man analog zum Schwund im Bereich der Dingwelt als einen 'geistig-moralischen' Schwund beim Menschen bezeichnen könnte.

4.1.2 Ursache oder Begleiterscheinung. Der 'geistig-moralische' Schwund

„Tempel kennt [der 'heutige' Mensch] nicht mehr. Diese, des Herzens Verschwendung / sparen wir heimlicher ein" (57f.). – Der Tempel steht in diesem Zusammenhang nicht allein und gar nicht primär für eine lebendige religiöse Praxis, die dem 'heutigen' Menschen abgehe, sondern allgemeiner für einen früher in deutlich stärkerem Maß verwirklichten emotionalen Bezug des Menschen zu den Dingen, die das Gesicht seiner Lebenswelt wesentlich bestimmten; seien diese nun die profanen Dinge des täglichen Gebrauchs (vgl.

---

die Welterklärungsmodelle von Philosophie und Wissenschaft, alltägliche Gebrauchsgegenstände – nichts davon ist mehr sinnlich-anschaubar erfahrbar [...]" (RILKE, *Werke*. Bd. 2. S. 618. – Kommentar ENGEL).

Vgl. auch RILKE: *Briefe in zwei Bänden*. Bd. 2. S. 377: „Die belebten, die erlebten, die *uns mitwissenden Dinge* gehen zur Neige und können nicht mehr ersetzt werden. Wir *sind vielleicht die Letzten, die noch solche Dinge gekannt haben*. Auf uns ruht die Verantwortung, nicht allein ihr Andenken zu erhalten, [...] sondern ihren humanen [...] Wert." (An Witold HULEWICZ, 13. 11. 1925.)

4. Verwandlung

IX, 31f.) oder jene höheren Kulturleistungen, in denen sich beispielsweise das menschliche Transzendenzstreben manifestiert hat (vgl. VII, 73f.). Eine im frühen 20. Jahrhundert aufkommende Massenproduktion von Gebrauchsgütern sowie eine damit einhergehende 'Wegwerfmentalität'[31] entwerten in zunehmendem Maß die hohe, über ihren bloßen Gebrauchswert hinausgehende symbolische Bedeutung, mit welcher die Dinge nach Rilkes Überzeugung bis dato gleichsam aufgeladen waren. Dinge, die von Generation zu Generation weitergegeben wurden, die nicht als Antiquitäten verstaubten, sondern in die Lebenspraxis nachfolgender Generationen einbezogen blieben, konnten noch einen wertvollen Beitrag zur Identitätsbildung dieser Menschen leisten. Indem solche Dinge in ihrem Besitz und täglichen Gebrauch verblieben, halfen sie unterschwellig mit bei der Ausbildung eines Bewusstseins der historischen Kontinuität sowie der sozialen Zusammengehörigkeit; sie stellten die Brücke zwischen Gegenwart und Vergangenheit her und verbanden so die 'heutigen' Menschen mit ihren Vorfahren, denen die selben Dinge schon zu den selben Zwecken gedient hatten. Dinge, auf der anderen Seite, die „zu Erdenklichem" noch völlig zu gehören scheinen, können diese wichtige soziokulturelle Aufgabe nach Rilkes Ansicht nicht mehr leisten. Sie dienen allein einem zweckrationalistischen Kalkül, das auf Steigerung ökonomischer Effizienz und industrieller Produktivität ausgerichtet ist.

4.2 'Einmaligkeit' als Signum des Irdischen

Es ist nicht Rilkes Anliegen, die beklagten Veränderungen im Bereich der Ding-Welt in einen etwaigen *status quo ante* zurückzuführen. Der die Dinge erodierende Schwundprozess, der gleichermaßen in einer sich objektiv verändernden Außenwelt (Abstraktionstendenzen) wie in einem veränderten menschlichen Bewusstsein begründet ist, ist ebenso wenig aufzuhalten oder gar reversibel wie die das menschliche Leben überschattende Tatsache biologischer Vergänglichkeit. Die *Neunte Elegie* bringt diese Einsicht in die Unum-

---

[31] Vgl. ebd. S. 376f.: „[...] das immer raschere Hinschwinden von so vielem Sichtbaren, das nicht mehr ersetzt werden wird. Noch für unsere Großeltern war ein 'Haus', ein 'Brunnen', ein ihnen vertrauter Turm, ja ihr eigenes Kleid, ihr Mantel: unendlich mehr, unendlich vertraulicher; fast jedes Ding ein Gefäß, in dem sie Menschliches vorfanden und Menschliches hinzusparten. Nun drängen, von Amerika her, leere gleichgültige Dinge herüber, Schein-Dinge, *Lebens-Attrappen* ... Ein Haus, im amerikanischen Verstande, ein amerikanischer Apfel oder eine dortige Rebe, hat *nichts* gemeinsam mit dem Haus, der Frucht, der Traube, in die Hoffnung und Nachdenklichkeit unserer Vorväter eingegangen war ..." (An Witold HULEWICZ, 13. 11. 1925.)

I. Hauptthemen

kehrbarkeit sowohl physischer Gesetzmäßigkeiten als auch historischer Entwicklungen eindrücklich auf den Punkt, sie plädiert emphatisch für die Annahme der 'Einmaligkeit' als Signum jedweder irdischen Existenz:

> Ein Mal / jedes, nur *ein* Mal. Ein Mal und nichtmehr. Und wir auch / *ein* Mal. Nie wieder. Aber dieses / *ein* Mal gewesen zu sein, wenn auch nur *ein* Mal: / *irdisch* gewesen zu sein, scheint nicht widerrufbar. (IX, 12-16)

Sowohl das menschliche Leben als auch das Dasein der Dinge ist durch das Charakteristikum der Einmaligkeit gekennzeichnet; in ihrem Unterworfensein unter dieselbe 'Gesetzmäßigkeit' nähern sich beide Existenzformen gleichsam einander an. Dieser Umstand erklärt auch die empathische Haltung, die das Ich der Elegie den Dingen entgegenbringt, als es versucht, die Eingangsfrage der *Neunten Elegie* zu klären, „warum [wir] Menschliches müssen" (4f.). Die Antwort hierauf ist zweigeteilt: „[...] weil Hiersein viel ist" (10), lautet die erste, allein auf den Menschen bezogene Erklärung. Noch affirmativer formuliert die *Siebente Elegie* den gleichen Gedanken: „Hiersein ist herrlich" (VII, 39), so herrlich, dass selbst jene bereits verstorbenen Mädchen, die der Werbungsruf des lyrischen Ich fälschlicherweise aus ihren „schwächlichen Gräbern" hervorlockte, „immer noch Erde [suchen]" (31-34). Die zweite Teilantwort artikuliert eine zentrale Beobachtung hinsichtlich des Verhältnisses zwischen dem Menschen und den Dingen: „[...] weil uns scheinbar / alles das Hiesige braucht, dieses Schwindende, das / seltsam uns angeht. Uns, die Schwindendsten" (IX, 10-12). Die Dinge – so die Hypothese des lyrischen Ich – bedürfen unserer Hilfe. Wozu uns die Dinge brauchen, wird an dieser Stelle nicht explizit. Zur Erläuterung der aus dieser Fragestellung direkt hervorgehenden Gedankenfigur, die für das Verständnis der Poetik des Spätwerks von zentraler Bedeutung ist, gibt die vorletzte Strophe der *Neunten Elegie* die prägnanteste Auskunft.

4.2.1 Der 'Auftrag der Erde'

> Erde, ist es nicht dies, was du willst: *unsichtbar* / in uns erstehn? – Ist es dein Traum nicht, / einmal unsichtbar zu sein? – Erde! unsichtbar! / Was, wenn Verwandlung nicht, ist dein drängender Auftrag? (67-70)

Es sei zunächst einmal zweitrangig, was auf der Sachebene mit dieser Textpassage gemeint ist. Was daran zunächst auffällt, ist ihr hypothetisch-suggestiver Charakter. Hier wie im unmittelbar vorangegangenen Zitat werden also keineswegs objektiv nachprüfbare Tatbestände formuliert, sondern – im oberen Fall – reine Vermutungen ausgesprochen (es hat lediglich den Anschein, als brauche uns

4. Verwandlung

alles das Hiesige), im unteren dagegen versucht das lyrische Ich im Suggestivstil, den Rezipienten (und nicht zuletzt sich selbst) von der Richtigkeit der ausgesprochenen Annahme zu überzeugen.

Die Erde, die hier stellvertretend für die Gesamtheit aller irdischen Dinge steht, will, folgt man der eigenwilligen Gedankenführung dieser Elegie, „*unsichtbar* in uns erstehn", ihr „Auftrag" fordert von uns, dass wir ihre „Verwandlung", d.h. ihre Transformation ihrer vom Schwundprozess bedrohten sichtbaren Existenz in eine noch nicht klarer spezifizierte unsichtbare Form, herbeiführen. Bereits die *Siebente Elegie*, die man zur Klärung des Verwandlungs-Konzepts immer mitbedenken sollte, verwendet diesen Begriff zweimal, das eine Mal in einem ganz ähnlichen Zusammenhang: „Nirgends [...] wird Welt sein als innen. Unser / Leben geht hin mit Verwandlung. Und immer geringer / schwindet das außen" (VII, 50-52). Die andere Verwendung des Begriffs ist nicht auf die materielle Existenz der Dinge, sondern auf die emotionale Existenz des menschlichen Innern selbst bezogen; sie bildet, wenn man so will, eine konzeptuelle Ergänzung des oben geäußerten Verwandlungsgedankens, die uns nun in den Stand setzt, die komplette Gedankenfigur zu rekonstruieren: „[...] das sichtbarste Glück [gibt sich] uns / erst zu erkennen, wenn wir es innen verwandeln" (48f.).

Fassen wir die Einzelaussagen dieser drei Zitate zusammen, so ergibt sich folgendes Bild: Sowohl die Dinge der Außenwelt als auch die subjektive Gefühlswelt („Glück") bedürfen, wollen sie – in Rilkes emphatischem Sinn, d.h. dauerhaft und unwandelbar – existieren, des menschlichen Innern, welches sie zu jenem Zweck verwandeln (d.h. auch *sich anverwandeln*) muss. Im Fall der Außenwelt stellt die innerliche Verwandlung angesichts der oben beschriebenen, für die Moderne charakteristischen, historisch-spezifischen Abstraktionstendenzen die einzige Möglichkeit dar, den Fortbestand ihrer Existenz – freilich in einem signifikant anderen 'Aggregatzustand', nämlich im poetischen Wort – zu sichern. Unser Glück, auf der anderen Seite, ist zu seiner Entfaltung immer, d.h. unabhängig von allen epochenspezifischen Tendenzen, auf eine solche Verwandlung im Innern angewiesen, anders als innerlich gibt es sich uns nicht zu erkennen. Das menschliche Innere ist demnach der prädestinierte Ort, an dem sich in der 'heutigen' Zeit die „erlebbaren" Dinge noch bildhaft erhalten können. „Denn, / was sie [die bildhaftsymbolischen Dinge] verdrängend ersetzt, ist ein Tun ohne Bild" (IX, 44f.), ist abstrakte Produktivität, die keinerlei sichtbare Äquivalente ihres 'Sinns', ihrer symbolischen Bedeutung in der Außenwelt mehr hinterlässt. Und so ist es *poeto*logisch nicht verwunderlich, wenn die alten, bedeutungsgeladenen Dinge selbst, die von den

I. Hauptthemen

neuen sinn- und symbolarmen Massenprodukten nach und nach verdrängt werden, gleichsam wie Gefühlszustände behandelt werden. Solche haben naturgemäß keine äußerlich sichtbare Seite, sondern sind ausschließlich „unsichtbar" – d.h. emotional – erlebbar. Als gefühlsmäßig anverwandelte Dinge stellen sie in den zeitlichen Grenzen eines Menschenlebens einen dauerhaften und unverlierbaren (emotionalen) Besitz dar, der durch keinerlei zeitspezifische Veränderungen mehr in Frage gestellt werden kann.

4.2.2 Die Bedingung der Kommunizierbarkeit

Doch die bloß gefühlsmäßige Verwandlung wäre nicht ausreichend, denn auf diese Weise bliebe die Rettung der Dinge (vgl. 64) die Privatsache Einzelner und könnte keine gesellschaftliche Breitenwirkung entfalten. Zu diesem Zweck muss sie kommunizierbar sein. Es ist daher nur folgerichtig, wenn Rilke sein lyrisches Ich die dichterische Sprache als das angemessene Mittel zur Ausübung des Verwandlungsauftrags wählen lässt. Ausgehend vom oben zitierten Einmaligkeits-Lamento, stellt sich das Ich die kontextlich etwas schwach motivierte Frage, was wir nach unserem irdischen Leben in den so genannten „andern Bezug" mit hinübernehmen können (21f.). In einer weniger logisch als assoziativ geführten Argumentation kommt es zu dem Schluss, dass nicht „lauter Unsägliches" (26), sondern im Gegenteil nur 'Sägliches' hierfür geeignet sei. Ins Gleichnis des Berg-Wanderers gefasst, heißt das:

> Bringt doch der Wanderer auch vom Hange des Bergrands / nicht eine Hand voll Erde ins Tal, die Allen unsägliche, sondern / ein erworbenes Wort, reines, den gelben und blau / Enzian. (28-31)

Nur das „erworbene Wort" weist das notwendige Merkmal der Kommunizierbarkeit auf, „gelber und blauer Enzian" sind in diesem Zusammenhang die sinnfälligen Beispiele bildhaft-sprachlich verfügbarer Dinge; im Unterschied zu ihnen steht die unsägliche und damit unkommunizierbare, weil amorph bleibende Erde. Soweit ist der Gedankengang durchaus plausibel. Als in hohem Maße irritierend erweist sich aber die komplexe und eben nicht immer widerspruchsfreie Komposition des Verwandlungskonzepts. Bei genauer Analyse fällt auf, dass die Argumentation sich auf verschiedenen, nur schlecht miteinander zu vereinbarenden Ebenen bewegt. Auf der ersten, rein irdischen Ebene geht es allein darum, dass auf einen äußeren Prozess (den Schwund der Dinge in der Außenwelt) mit innerer Aktivität reagiert wird (mit innerlicher, d.h. sprachlicher und gefühlsmäßiger Verwandlung) und somit der Verfall der Dinge kompensiert werden kann.

4. *Verwandlung*

4.3 Das *Hier* als Ort der Verwandlung

Die zweite, neu hinzutretende metaphysische Ebene, die vom Engel als idealem Adressaten verkörpert wird, dient dazu, die in Sprache transformierten Dinge dem vernichtenden Zugriff der Zeitlichkeit zu entziehen; die Dinge sollen im „Anschaun [des Engels] gerettet zuletzt [stehn]" (VII, 71f.). Um aber in jenen deiktischen Kontakt zum Engel treten zu können, um ihm die Dinge zu zeigen, bedarf es – zumindest dem ersten Anschein nach – des „andern Bezugs"(IX, 21) (mit anderen Worten des Bereichs des Todes) als des einzigen Zustands, der dem Menschen die Kommunikation mit dem Engel ermöglichen kann. Umso erstaunlicher ist der neuerliche Standpunktwechsel, den die vierte Strophe vollzieht, wenn sie affirmativ ausruft: „*Hier* ist des *Säglichen* Zeit, *hier* seine Heimat. / Sprich und bekenn" (IX, 42f.). Es scheint gerade so, als ob die Reflexion über den „andern Bezug" (bzw. darüber, was gegebenenfalls dort hinübergenommen werden kann), welche die dritte Strophe durchführt, nur als retardierendes Moment innerhalb einer voranschreitenden dialektischen Bewegung gedient hätte, die im affirmativen und graphisch durch die Kursivierung noch zusätzlich hervorgehobenen doppelten „*hier*" ihre definitive Synthese erreicht hätte.[32] Im Hier und Jetzt wäre somit der Verwandlungsauftrag zu leisten. Dies umso dringender, als die äußeren Bedingungen hierfür aufgrund des voranschreitenden Schwund- und Abstraktionsprozesses immer problematischer werden. Das „Herz" (49) als das 'innere' Organ des Menschen, dessen empathische Anteilnahme am Schicksal der Dinge die seelische Voraussetzung für ihre sprachliche Verwandlung darstellt, befindet sich wie das Sprechorgan „Zunge" (ebd.) in einer dezidiert feindseligen, potenziell zerstörerischen Umwelt. Das Herz wird von den „Hämmern" (48), dem Symbol eines zusehends industriell-technisch dominierten Zeitalters, in die Zange genommen, ebenso wie die Zunge von unseren Zähnen bedroht erscheint. Und dennoch vermag angesichts dieser äußerlichen Bedrohungslage das Herz zu „bestehn" und die Zunge die „preisende [zu] bleib[en]" (48-51), d.h. das Dichter-Ich den Verwandlungsauftrag sprachlich zu leisten.

4.4 Zwei Kataloge. Profane und transzendente Dinge

Das Ich des Gedichts soll dem Engel die Welt preisen, und zwar – das ergab der Reflexionsprozess zu Beginn der *Neunten Elegie* –

---

[32] Für diese Deutung spricht auch die *Siebente Elegie*, in der auch ohne vorgeschalteten Tod eine direkte Kommunikation mit dem Engel möglich erscheint: „Engel, *dir* noch zeig ich es, *da!*" (VII, 70f.).

nicht die „unsägliche", sondern die uns sprachlich allein verfügbare Welt der Dinge. Diese reichen nun von den einfachen Dingen des täglichen Gebrauchs bis hin zu solchen, deren Bedeutung sich nicht in einem bloßen utilitaristischen Nutzwert erschöpft, Dingen, deren primärer Wert ein symbolischer, religiöser oder künstlerischer ist, solchen, die in ihrer vertikalen Aufrichtung das menschliche Transzendenzstreben versinnbildlichen. Eine ganze Reihe einfacher Dinge zählt die *Neunte Elegie* auf: „Haus, / Brücke, Brunnen, Tor, Krug, Obstbaum, Fenster" (31f.); mit der „Säule" und dem „Turm" (33) ist – in generischer Allgemeinheit – der Übergang zwischen dem Bereich des Profanen und der Transzendenz markiert; die beiden letzten Strophen der *Siebenten Elegie* zeigen und benennen schließlich jene menschengemachten irdischen Dinge, die über das Irdische auf die Transzendenz hinausweisen: „Säulen, Pylone, der Sphinx, das strebende Stemmen [...] des Doms", „Chartres" (VII, 73f.). Der Katalog jener symbolisch-transzendenten Dinge, der sich bislang ausschließlich im Bereich der Architektur bewegte, wird abschließend mit der Musik und der intransitiven Liebe um zwei weitere kulturelle Errungenschaften erweitert, die beide als gewichtig genug gelten dürfen, dass sie einen Vergleich mit der übergroßen Engelsgestalt nicht scheuen müssen:[33]

> Chartres war groß-, und Musik / reichte noch weiter hinan und überstieg uns. Doch selbst nur / eine Liebende -, oh, allein am nächtlichen Fenster ..../ reichte sie dir nicht ans Knie -? (VII, 82-85)

4.5 Die Rettung der Dinge als Rettung des Menschlichen

Der Engel übt in diesem deiktischen Prozess eine entscheidende Funktion aus. Er kann in seiner metaphysischen Enthobenheit aus dem uns begrenzenden raum-zeitlichen Koordinatensystem nicht nur als idealer Ansprechpartner des lyrischen Ich auftreten, sondern er dient zugleich als diejenige Instanz, in der sich die angestrebte Rettung der Dinge vollzieht. In seinem Blick bzw. seinem grenzenlosem Bewusstsein vermögen die irdischen Dinge ihre überzeitliche Aufnahme zu finden, womit sie dauerhaft ihre ideelle „Gestalt" bewahren (66f.) und damit erstmals wahrhaftig und von den Gesetzen

---

[33] Es ist eine bemerkenswerte Randnotiz, dass gerade diejenigen menschlichen Kulturleistungen, die vom lyrischen Ich am nachdrücklichsten betont und gepriesen werden, solche sind, die ihre Existenz dem 'Verlassenwerden' verdanken. Musik entstand nach der oben zitierten Deutung der *Ersten Elegie* als Reaktion des erschrockenen Raums auf den gewaltsamen Tod des Linos; die hohe Würde der einsam Liebenden verdankt sich der Tatsache ihrer Trennung vom Geliebten.

4. Verwandlung

der Vergänglichkeit unangefochten „aufrecht" stehen könnten (72). Man könnte daher sagen, der Engel fungiere als Verkörperung eines unendlich großen, dem Vergessen gegenüber völlig immunen kollektiven Gedächtnisses, in welchem die großen kulturellen Leistungen des Menschen und allen voran seine künstlerischen und emotionalen Zeugnisse, gültig und überzeitlich, aufbewahrt blieben. Vermittels zweier Projektionen (dem „Auftrag der Erde" sowie der Erfindung der Engelsfigur) gelingt es Rilke somit, eine gleichsam metaphysisch-zeitlose Legitimation von Kunstproduktion im Allgemeinen, von Dichtung im Besonderen zu erreichen. Das lyrische Ich erkennt im Verlauf seiner Auseinandersetzung mit den Bedingungen und Bedingtheiten einer im Wandel begriffenen Welt sein kreatives künstlerisches Potenzial, das es ihm ermöglicht, den Aporien irdischer Existenz entgegenzuwirken.

Damit bestätigt sich die Vermutung, dass alles, was die *Duineser Elegien* über den Bereich des Nichtmenschlichen (Engel, Dinge, Kreatur) äußern, schließlich doch primär um des Menschen willen gesagt wird. Der Auftrag der Dinge erweist sich in letzter Konsequenz als Auftrag zur Rettung der menschlichen Bedeutung, mit der diese Dinge untrennbar assoziiert sind, und nicht zuletzt als Auftrag, Zeugnis von den genuin menschlichen Kulturleistungen, Kunst und Liebe, abzulegen. Die *Siebente* und *Neunte Elegie* dürfen von daher mit Recht als das Ringen eines Künstler- (oder spezieller eines Dichter-)Ich um seine künstlerische Legitimation gelesen werden. Das Ich dieser beiden Elegien hat gelernt, einen angemessenen Gebrauch[34] von der Welt zu machen. In der tatkräftigen Annahme seiner künstlerischen Aufgabe liegt denn auch der eigentliche Quantensprung, den das lyrische Ich von der *Ersten* bis zur *Siebenten* bzw. *Neunten Elegie* beschreibt.

---

[34] Vgl. dagegen die durchweg negative Einschätzung, die die *Erste Elegie* diesbezüglich noch abgibt: „Ach, wen vermögen / wir denn zu brauchen? Engel nicht, Menschen nicht, / und die findigen Tiere merken es schon, / daß wir nicht sehr verläßlich zu Haus sind / in der gedeuteten Welt." (I, 9-13.)

5. Das Bewusstsein als Spezifikum der *conditio humana*

Dem menschlichen Bewusstsein als dem maßgeblichen Kennzeichen der *conditio humana* sind die *Achte Elegie* sowie Teile der *Vierten Elegie* gewidmet. Dabei baut die *Achte Elegie* konzeptionell auf den Grundpositionen der im Spätherbst 1915 verfassten *Vierten Elegie* auf und erweitert diese systematisch. Im gesamten Elegienzyklus erreicht hier die Klage um die Bedingungen und vor allem um die Bedingtheiten der menschlichen Existenz ihren elegischen Höhepunkt. Nicht nur unterscheiden sich diese beiden Elegien von allen übrigen in formaler Hinsicht – sie allein sind durchgängig in Blankversen gehalten, die anderen in freirhythmisch-daktylischen Versen –, sondern auch im Hinblick auf ihre besondere, quasi-philosophische Darstellungs- und Argumentationsweise. Dieser Befund gilt jedoch in etwas stärkerem Maß für die *Achte* als für die *Vierte Elegie*, die bei aller thematischen und formalen Nähe doch gedanklich unausgewogener und konzeptuell heterogener wirkt als das in der abschließenden Arbeitsphase (Februar 1922) entstandene Gedicht.

In beiden Elegien wird das Bewusstsein als wesentliches Merkmal der menschlichen Existenz herausgestellt. Der Bereich des Menschen und mithin sein Weltverhalten werden in den *Duineser Elegien* zumeist indirekt, d.h. in Abgrenzung vom Bereich bzw. vom Weltverhalten der nichtmenschlichen *Elegien*-Figuren, definiert. Während es in der *Ersten* und *Zweiten Elegie* der Engel war, der als Gegenbild des Menschen diente, so ist es in der *Vierten* und *Achten Elegie* die „Kreatur", die – gewissermaßen von der anderen, der leiblichen Seite her – den Bereich des Menschen definieren hilft. Als körperlich-geistiges Mischwesen befindet sich der Mensch in der genauen Mittelposition zwischen Kreatur/Tier und Engel, die jeweils reine Körperlichkeit bzw. reine Geistigkeit repräsentieren; Engel und Tier stehen ihrerseits in einem strikt antithetischen Verhältnis zueinander. Um eine höhere Trennschärfe in der Darstellung beider Existenzweisen (d.h. der kreatürlichen und der menschlichen) zu erzielen, machen sich auch die *Vierte* und *Achte Elegie* das gegenbildliche oder antithetische Darstellungsprinzip zunutze und konzentrieren sich – bei gleichzeitiger Ausblendung der ebenso vorhandenen leiblichen Natur des Menschen – ganz auf seine geistig-bewusste Seite, der die rein physische Existenz der Kreatur gegenübergestellt wird.

I. Hauptthemen

5.1 Konträre Seinsweisen: Das 'Offene' und das 'Geschlossene'

Die Verse 1-19 der *Achten Elegie* skizzieren den Rahmen, innerhalb dessen in einem Prozess abwechselnder Fokussierung die unterschiedlichen Seinsweisen von Mensch und Kreatur kontrastiv beleuchtet werden. Sprachlich fällt dabei vor allem der ungebrochene und überwiegend begrifflich-diskursive Duktus auf, der die *Achte Elegie* deutlich von allen anderen, zum Teil dezidiert enigmatisch gehaltenen Elegien abhebt. Ausgehend vom Leitbegriff der *Achten Elegie* ließe sich die kreatürliche Existenzweise als eine des „Offenen" (oder Unbegrenzten) charakterisieren, die des Menschen dagegen, in direkter konzeptioneller Umkehrung, als eine geschlossene (oder begrenzte).

> Mit allen Augen sieht die Kreatur / das Offene. Nur unsre Augen sind / wie umgekehrt und ganz um sie gestellt / als Fallen, rings um ihren freien Ausgang. / Was draußen *ist*, wir wissens aus des Tiers / Antlitz allein (VIII, 1-6)

Die unterschiedlichen Seinsweisen von Kreatur und Mensch basieren auf ihren diametral entgegengesetzten Blickrichtungen. Die Kreatur hat „mit allen Augen", wie es in emphatischer Verstärkung der visuellen Sinneswahrnehmung heißt, das „Offene" im Blick. Die menschliche Blickrichtung dagegen erlaubt eine solche Sicht nach vorne auf das Offene erst gar nicht; als Ursache hierfür nennt die Elegie die (scheinbare) Umkehrungslage unserer Augen, die den Menschen in rückwärtiger Richtung ausschließlich „Gestaltung" (8) sehen lässt. Sehen fungiert im Kontext der *Achten Elegie* als Daseinsmetapher, als synonymer Ausdruck für die verschiedenen in ihr angesprochenen Existenzformen, die durch die Faktoren Blickrichtung (vorwärts, „rückwärts") und Objekt des Sehens („Offenes", „Gestaltung") genauer spezifiziert werden. In diesem Zusammenhang muss auf die der Bestimmung der menschlichen Sehweise zugrunde liegende 'Als-ob-Struktur' hingewiesen werden. Unsere Augen sind demnach nicht – faktisch und objektiv – umgekehrt, sondern erscheinen lediglich „wie umgekehrt", d.h. als ob sie nach innen gedreht worden seien. Das Gedicht gibt nicht vor, naturwissenschaftliche Tatsachen zu referieren; es ist im Gegenteil vielmehr so, dass sich im Wie-Vergleich geradezu poetisch-sinnbildhaftes Sprechen und mithin eine interpretatorische Grundhaltung auf Seiten der lyrischen Sprecherinstanz[35] artikuliert, wie sie nicht nur der

---

[35] Die *Achte Elegie* ist die einzige Elegie im Gesamtzyklus, die kein lyrisches Ich kennt. Im Gegensatz zur *Ersten Elegie* beispielsweise, in der das lyrische Ich von seiner individuellen Perspektive aus die Bedingungen des Menschseins deutet, wird in der *Achten Elegie* die *conditio humana* von einer überpersönlichen

5. Das Bewusstsein als Spezifikum der conditio humana

Achten Elegie, sondern dem gesamten Zyklus zugrunde liegt. Im Sehen drückt sich die spezifische Art des Bezugs der verschiedenen Lebewesen zur Welt aus. Während die Kreatur mit dem Offenen oder „Frein" (30) etwas Unbegrenztes und strikt Ungegenständliches im Blick hat, ist der Mensch stets auf ein konkretes Gegenüber, auf ein gegenständliches Objekt ausgerichtet. Sehen heißt demzufolge, wenn vom Menschen die Rede ist, nichts anderes als Bewusstsein vom wahrgenommenen Gegenstand zu haben. Das Sehen des Tiers dagegen muss als 'bewusstlose Wahrnehmung' aufgefasst werden, d.h. obwohl das Tier in Richtung des Offenen sieht, kann dieses ihm dennoch nicht zum Gegenstand, nicht zu einem Bewusstseinsinhalt werden. Sein Sehen ist daher weniger als Sinneswahrnehmung zu verstehen, sondern eher mit einem vitalen Grundgefühl gleichzusetzen. Weil das Tier nicht imstande ist, zwischen sich selbst und einem Gegenstand außerhalb seiner körperlichen Grenzen zu unterscheiden, muss es sich notwendig als mit seiner Umwelt „einig" empfinden, wie es die *Vierte Elegie* von den „Zugvögeln" (vgl. IV, 2-8) sagt.

Wir dagegen teilen nicht das kreatürliche Grundgefühl des Einigseins; unser Bewusstsein ist die Ursache der Subjekt-Objekt-Spaltung, die unsere Existenz maßgeblich kennzeichnet. Nicht nur den Gegenständen der Außenwelt, sondern auch uns selbst (Selbstbewusstsein) stehen wir zeit unseres Lebens in reflexiver Trennung gegenüber. Es ist daher nur folgerichtig, dass uns unser Leben nicht wie das des Tieres als „unendlich, ungefaßt und ohne Blick / auf [unseren] Zustand" (VIII, 38-40) erscheinen kann, sondern umgekehrt zu allen Zeiten begrenzt in der beständigen Konfrontationssituation mit der gegenständlichen Schöpfung. Als Menschen können wir nicht den freien Ausblick aufs Offene verwirklichen, der von der Elegie mit einem Zustand unmittelbarer Gottesnähe (vgl. 12) gleichgesetzt wird; statt dessen ist es unser „Schicksal: gegenüber [zu] sein / und nichts als das uns immer gegenüber" (33f.).

5.2 Formen des Bewusstseins: Zeit- und Todesbewusstsein

Die Unterschiedlichkeit von tierisch-kreatürlicher und menschlicher Existenzweise wird am deutlichsten im Hinblick auf den Tod. Die *Achte Elegie* sagt diesbezüglich:

> [Das Tier ist] frei von Tod. / Ihn sehen wir allein; das freie
> Tier / hat seinen Untergang stets hinter sich / und vor sich

---

Sprecherinstanz dargestellt und interpretiert. Die Verlagerung von der Einzel- zur Allgemeinperspektive ist ein bedeutsamer Zug in der Dramaturgie des Gesamtzyklus. Die Aussagen der *Achten Elegie* beanspruchen somit nicht allein Gültigkeit für ein isoliertes Individuum, sondern für die Menschheit überhaupt.

I. Hauptthemen

> Gott, und wenn es geht, so geht's / in Ewigkeit, so wie die
> Brunnen gehen (VIII, 9-13)

Der Tod ist für das Tier gleichsam inexistent, was allerdings nicht heißen soll, dass das Tier unsterblich sei und keinen Tod erleiden könne. Denn davon, dass das Tier sterblich ist, spricht die *Achte Elegie* ausdrücklich; das Tier hat seinen Untergang, nur hat es ihn – in der Bildlogik der Elegie gesprochen – hinter sich, d.h. es kann seinen Tod nicht als ein zukünftiges Ereignis *sehen*. Das Tier kann seinen Tod nicht in seiner Vorstellung antizipieren. Denn wie das Tier weder über ein Gegenstands- noch ein Selbstbewusstsein verfügt, so ist ihm gleichfalls kein Zeitbewusstsein gegeben, das als notwendige Voraussetzung jeglichen Bewusstseins vom Tod, zumal dem eigenen, gelten muss. Das Tier der ersten beiden Strophen der *Achten Elegie* verfügt in seiner Eigenschaft als idealisierte bzw. verabsolutierte Konstruktion kurz gesagt über keinerlei Bewusstsein, es fungiert als die durch und durch *bewusstlose* Kontrastfolie zum Menschen, dessen gesamte Existenz (in gleichermaßen verabsolutierter Weise) allein auf dem Faktum seines Bewusstseins zu beruhen scheint.

Für den Menschen besitzt der Tod die äußerste Wirklichkeit. Für uns ist der „in der Zukunft liegende Tod" „der zentrale Fluchtpunkt unseres Daseins und Tuns"[36]: „*Ihn* sehen wir allein" (VIII, 10). – Hierin liegt eine signifikante Doppeldeutigkeit, die einmal den Akzent der Aussage auf das Objekt des Sehens (den Tod) legt, zum andern aber auch auf uns als die sehenden Subjekte. Im ersten Fall bedeutet das: *Ausschließlich* der Tod kann dem Menschen jemals zum Gegenstand seines Sehens werden, er überschattet gleichsam sein gesamtes Leben; diese Deutung wird durch die großartige Schluss-Strophe der *Achten Elegie* gestützt (vgl. 70-75). Die zweite Deutungsvariante betont die Ausnahmestellung des Menschen, die ihn vor allen anderen Lebewesen auszeichnet. Denn *allein* der Mensch ist überhaupt imstande, die universelle biologische Zwangsläufigkeit des Todes – im vollen Bewusstsein seiner eigenen Sterblichkeit – einzusehen.

5.3 Möglichkeiten zur Überwindung der menschlichen Perspektive

5.3.1 Das Kind

Der Mensch ist zeit seines Lebens auf die gestaltete Welt und mithin auf seinen Tod (als Gegenstände seines „Sehens", d.h. seines Be-

---

[36] STEINER, Jacob: *Rilkes Duineser Elegien*. Bern 1962. S. 187.

5. Das Bewusstsein als Spezifikum der conditio humana

wusstseins) ausgerichtet, „schon das frühe Kind / wenden wir um und zwingens, dass es rückwärts / Gestaltung sehe, nicht das Offene, das / im Tiergesicht so tief ist" (6-9). Nach dieser vom Gedicht selbst gelieferten Deutung resultiert die Verkehrung unseres Blicks und mithin unserer Bewusstseinsperspektive also zuallererst aus manipulativen Eingriffen, die „wir" (d.h. Eltern und Erzieher) am „frühen Kind" vornehmen. Rilkes Kritik hat einen klaren antipädagogischen Impetus; sie wirft der Erwachsenengeneration vor, dass sie mit dem Zwang ihrer Erziehungsmethoden dem Kind ihre eigene, bereits pervertierte und nur mehr noch zur rationalen Begrifflichkeit fähige – d.h. in der *Elegien*-Terminologie 'gegenständliche' – Weltsicht aufnötige. Die Erwachsenenwelt prägt durch ihre Denkvorgaben die Weltwahrnehmung des Kindes vor, sie verpflichtet es auf ihre konventionalisierten Deutungsschablonen, welche die *Erste Elegie* auf den Begriff der „gedeuteten Welt" gebracht hat (vgl. I, 13): „Als Kind / verliert sich eins im Stilln an dies und wird / gerüttelt" (VIII, 19-21). Mittels erzieherischer Konditionierung wird das vom Kind verkörperte kreatürliche Potenzial des Menschen durch den Menschen selbst zunichte gemacht. So erscheint es zumindest auf den ersten Blick; doch bei genauerer Analyse zeigt sich, dass das Kind auch ohne das gewaltsame „Rütteln" nicht dauerhaft in jenem unbewusst-kreatürlichen Zustand des „Reine[n], / Unüberwachte[n], das man atmet und / unendlich *weiß* und nicht begehrt" (17-19), verbleiben könnte. Denn früher oder später müsste es dieses vorreflexive Stadium entwicklungsbedingt ohnehin verlassen.

So groß die Nähe des Kindes zur kreatürlichen Existenzform in seiner primären Ausrichtung auf das Offene zunächst auch erscheinen mag, so ist der Umstand, dass es von den Erwachsenen überhaupt in die entgegengesetzte Richtung gewendet werden kann, bereits schlagender Beweis für die fundamentale Verschiedenheit von Kind und Kreatur. Denn die „Fallen" unseres Blicks, die den „freien Ausgang" (4) der Kreatur vermeintlich bedrohen, erweisen sich dieser gegenüber als völlig wirkungslos. Die Kreatur nimmt keine Notiz von ihnen; die „Fallen" sind ihrer gegenständlichen Natur nach der Welt der Gestaltung und eben nicht dem Offenen zugehörig und können somit von der Kreatur überhaupt nicht wahrgenommen werden. Statt auf die scheinbare Bedrohungssituation zu reagieren (und womöglich einen Richtungs- bzw. Perspektivenwechsel einzuschlagen), schaut das „stumme [Tier] ruhig durch uns durch" (32): Wir können ihm nicht zum Gegenstand werden und keinen Einfluss auf es ausüben. Folglich kann man mit Recht schließen, dass es nicht allein der erzieherische Akt ist, der die Konversion der Kindes- zur Erwachsenenperspektive bewirkt, sondern dass im Kind selbst der

I. Hauptthemen

primäre Beweggrund hierzu angelegt sein muss.

Denselben Konflikt zwischen Erziehung einerseits und Naturnotwendigkeit andererseits formuliert auch die *Vierte Elegie*: „Wir wuchsen freilich und drängten manchmal, / bald groß zu werden, denen halb zulieb, / die andres nicht mehr hatten, als das Großsein" (IV, 68-70). Hier ist es nicht das gewaltsame Eingreifen von außen, sondern vielmehr kindliche Empathie mit den Erwachsenen, welche die Kinder „halb" bewegt, den Zustand des „Alleingehn[s, in dem sie] mit Dauerndem vergnügt" sind, zu verlassen (71f.); die andere Hälfte ihrer Motivation, jenen – dem Verlorensein an das Offene vergleichbaren – Zustand zu verlassen, verschweigt der Text, dennoch ist es nicht vermessen, darin eine spezifisch-menschliche, neurobiologische Anlage (Bewusstseinsfähigkeit) anzunehmen.

5.3.2 Der Sterbende

Neben dem Stadium der Kindheit verweist die *Achte Elegie* auf zwei weitere, gleichermaßen problematische menschliche Lebensumstände, die eine Korrektur der Ausrichtung auf die gegenständlich-abgeschlossene Welt und damit eine Teilhabe an der Seinsweise des Offenen zu ermöglichen scheinen. Der Akt des Sterbens selbst (sowie der Zeitpunkt unmittelbar davor) stellt eine solche Möglichkeit dar: „Oder jener stirbt und *ist*s [das Reine, Unüberwachte]. / Denn nah am Tod sieht man den Tod nicht mehr / und starrt *hinaus*, vielleicht mit großem Tierblick." (VIII, 21-23). Was an dieser Argumentation auffällt – eine Beobachtung, die im übrigen für die gesamte *Achte Elegie* gilt –, ist der Umstand, dass sie sich im Prinzip nicht am Kriterium sachlicher 'Richtigkeit', sondern fast ausschließlich an einer konsistenten Sprachbild-Komposition orientiert. Es ist nicht von Interesse, ob beispielsweise eine reelle Praktikabilität mit der im Sterbeakt suggerierten Möglichkeit verbunden ist oder nicht; von übergeordnetem Interesse ist vorrangig, dass die Bildlogik in sich stimmig bleibt.

Der Grundgedanke dieser Überlegung lautet also wie folgt: Der Tod, der als zentraler Fluchtpunkt unseres Daseins uns beständig als Bewusstseinsgegenstand vor Augen steht, verliert seine Gegenständlichkeit für uns dann, wenn unsere Lebensfunktionen auszusetzen beginnen und wir im Begriff sind zu sterben. Denn wir sind nicht nur zeitlich dem Tod nah, sondern nähern uns ihm – bildlich gesprochen – auch räumlich an; wir stehen unmittelbar und distanzlos vor ihm. Unsere Augen sind nicht mehr in der Lage, den – unbedingt dinglich-gegenständlich und keinesfalls prozessual vorzustellenden – Tod als von uns getrenntes Objekt wahrzunehmen. Die ansonsten klare Grenzziehung zwischen unserem Selbst und den

5. Das Bewusstsein als Spezifikum der conditio humana

Dingen außerhalb verwischt in zunehmendem Maße; der sterbende Mensch und der Tod sind fortan keine diskreten Entitäten mehr. So wie die Kreatur nicht zwischen sich und der Umwelt unterscheidet und von daher im Gefühl völliger und ungebrochener Einheit lebt, so empfindet der Sterbende das Sterben gewissermaßen als 'Verschmelzen' oder 'Einswerden' mit dem Tod: Er stirbt und „*ist*" dann dieser Tod. Im Tod vermag er über die Begrenzungen des Gegenständlichen hinauszuschauen. Sein bis dato menschlicher Blick wird aufgrund der mit dem Verlust des gegenständlichen Sehens einhergehenden Auslöschung des Bewusstseins zum unbewussten „großen Tierblick" (23).

5.3.3 Die Liebenden

Als ähnlich dominant erweist sich die Bildlogik auch im Fall der Liebenden, die neben dem Kind und dem Sterbenden die dritte Möglichkeit einer Teilhabe des Menschen am Offenen verkörpern. Die Liebenden befinden sich in einer emotionalen Ausnahmesituation, die sie deutlich von ihren nicht-liebenden Mitmenschen abhebt und sie gleichsam in die Nähe der kreatürlichen Existenzweise zu rücken vermag: Sie „sind nah daran [am Offenen] und staunen ... / Wie aus Versehn ist ihnen aufgetan / hinter dem andern ..." (25-27). – Ihre besondere Gefühlsintensität ähnelt strukturell der kreatürlichen Daseinsinnigkeit, wie sie beispielsweise durch das „Glück der Mücke" (54) repräsentiert wird. Die Auslassungspunkte veranschaulichen graphisch den kurzen, zeitlich begrenzten Moment des Ausblicks auf das Offene, den sie erleben können. Seinem Charakter nach ist der staunende Blick hinter den „andern" dem absichtslosen Schauen vergleichbar, wie es für das frühkindliche Stadium kennzeichnend ist. In beiden Fällen eröffnet sich die Perspektive auf das Offene unintentional; die Betroffenen verhalten sich passiv und sind auch gar nicht in der Lage, die Situation bewusst zu beeinflussen. Allein dem besonderen Zustand ihres Innern (d.h. frühkindliche Unbewusstheit bzw. liebende Selbst- und Weltvergessenheit) haben sie den Ausblick zu verdanken, der eine zeitweilige Überwindung des Gegenüber-Seins bewirkt. Jedoch befindet sich der Liebende in dem Dilemma, dass die Reversion (d.h. die Aufhebung der ansonsten für den Menschen charakteristischen Umkehrungslage) seiner Blickrichtung durch den (gegenständlichen) liebenden Bezug auf ein (gegenständlich) vorhandenes liebendes Gegenüber überhaupt erst möglich werden konnte. Und da der Geliebte dem Liebenden nur als ein Gegenüber Gegenstand des Liebens werden kann, ist es nur folgerichtig, dass ihm – nach einer kurzen Spanne der gefühlsmäßigen Erhebung, die dem Liebenden (bildlich gesprochen) hinter dem

I. Hauptthemen

Geliebten das Offene „aufgetan" hat (26) – in Form des Geliebten „wieder [...] Welt" (28) werden muss und mithin sich zwangsläufig ein Rückfall in die vormalige allgemeinmenschliche Perspektive des Gegenüber-Seins anschließt. Allein die intransitiv Liebenden, deren Liebe ja in der Objektlosigkeit ihre kategorische Grundforderung hat, erscheinen gemessen am Maßstab der Bildlogik in der Lage, dauerhaft dem Offenen zugewendet zu bleiben.

5.4 Die Bewusstseinshypothese

In der zweiten Strophe verlagert sich – unter Beibehaltung der für die *Achte Elegie* konstitutiven diametralen Opposition von menschlicher und kreatürlicher Blick- und Bewegungsrichtung – der Fokus vom Menschen vollständig auf das „sichere Tier, das uns entgegenzieht / in anderer Richtung" (36f.). Dieser Abschnitt stellt die Hypothese auf, dass das Tier, wäre es nur ausgestattet mit einer „Bewußtheit unserer Art" (35), imstande wäre, die Verkehrung unser existenziellen Ausrichtung (auf die uns begrenzende Welt der gegenständlichen Gestaltungen) zu erkennen und diese, indem es uns „mit seinem Wandel [herumrisse]" (37f.), zu korrigieren. Dieser uns auf das Offene verpflichtende Eingriff seitens des Tiers entspräche seiner Bildstruktur nach genau der gewaltsamen Umkehrung des „frühen Kindes". Jedoch wird diese Möglichkeit postwendend als reine Utopie entlarvt; denn schließlich verfügt das sichere Tier ja gerade nicht über ein dem Menschen vergleichbares Bewusstsein als Grundvoraussetzung für ein derartiges Eingreifen. Denn „sein Sein ist ihm / unendlich, ungefaßt und ohne Blick / auf seinen Zustand." (38-40). Das Tier kann sich, da es sich als einig mit seiner Umwelt empfindet, nicht vergleichend mit (bzw. abgrenzend von) ihr in Beziehung setzen. Es lebt nicht in der den Menschen bestimmenden Subjekt-Objekt-Spaltung. Sein Sein erscheint ihm als grenzenlos, die Grenzen seines Körpers markieren in der Empfindung des Tiers nicht die Grenzen seiner individuellen Existenz. Daher muss ihm sein Sein als schlechthin unendlich erscheinen, freilich nicht im Sinn eines bewussten Wissensdatums, sondern eines 'vitalen Grundgefühls'. Und weil von etwas, das als grenzenlos vorgestellt wird, kein in Bezug darauf außerhalb liegender Punkt oder Bereich gedacht werden kann, von welchem reflexiv auf das innen liegende Sein geblickt werden könnte, kann die Elegie zu Recht sagen, das Tier habe keinen „Blick / auf seinen Zustand", d.h. kein Bewusstsein seiner selbst.

Das unser Dasein strukturierende Zeitbewusstsein stellt einen weiteren Aspekt der „Bewußtheit unserer Art" dar. Dem Tier allerdings ist die Zeit als Medium und Grundlage aller prozessualen Ab-

5. Das Bewusstsein als Spezifikum der conditio humana

läufe ebenso unbekannt wie ihre Aufspaltung in die Kategorien Gegenwart, Vergangenheit und Zukunft. Das Tier „geht in Ewigkeit" (12f.), d.h. es lebt beständig in einem Zustand reiner Gegenwart bzw. unauflösbarer Gleichzeitigkeit, „und wo wir Zukunft sehen, dort sieht es Alles / und sich in Allem und geheilt für immer" (41f.). Zukunft bedeutet für den Menschen in letzter Konsequenz die wissende Vorwegnahme von Vergänglichkeit und Tod. Das Tier verfügt nicht über dieses Wissen; und allein hierin – der Einigkeit mit der Totalität der Schöpfung einerseits und dem fehlenden Wissen um die eigene Sterblichkeit andererseits – liegt der Grund für das „Geheiltsein" des Tieres.

5.5 Erinnerung als Moment der Verbindung zwischen Mensch und Tier

Stellte die zweite Strophe gewissermaßen eine Apotheose der kreatürlichen Existenz dar, so entwirft die dritte ein von Grund auf verschiedenes Bild. Denn während die Kreatur in der *Achten Elegie* bisher ausschließlich als idealisiertes Gegenbild des Menschen dem einen Zweck diente, in der Kontrastierung mit ihm die Spezifik der *conditio humana* transparenter aufscheinen zu lassen, widmet sich die dritte Strophe dem Tier nun anscheinend um seiner selbst willen. Gegenüber jener Idealisierung aus den Strophen eins und zwei haben wir es hier mit bei weitem realistischer gezeichneten Tieren zu tun, ohne dass man aber auch nur in einem einzigen Fall von 'realen' Tieren sprechen könnte. Denn weiterhin gilt die oben gemachte Feststellung: Trotz aller vereinzelt auftretenden und nicht zu leugnenden realistischen Aspekte geht es Rilke doch nicht primär um eine naturalistisch präzise oder gar naturwissenschaftlich korrekte Darstellung, weder im Bereich der Tier- noch dem der menschlichen Welt. Rilkes Denk- und Verfahrensweise ist eine essenziell literarische, sie bedient sich typisch poetischer Denk- und Deutungsfiguren wie Analogie und Projektion sowie einer reichen Metaphernsprache und nicht zuletzt einer die Gedichtstruktur immer wieder nachhaltig prägenden Bildlichkeit:

> Und doch ist in dem wachsam warmen Tier / Gewicht und Sorge einer großen Schwermut. / Denn ihm auch haftet immer an, was uns / oft überwältigt, – die Erinnerung, / als sei schon einmal das, wonach man drängt, näher gewesen, treuer und sein Anschluß / unendlich zärtlich. Hier ist alles Abstand, / und dort wars Atem. Nach der ersten Heimat / ist ihm die zweite zwittrig und windig. (VIII, 43-51)

I. Hauptthemen

Die Deutung der tierischen Existenz vollzieht – bezogen auf den Menschen, dessen Abkehr vom Offenen und dessen Ausgeschlossensein aus dem Bereich kreatürlicher All-Einigkeit das übergeordnete Thema der *Achten Elegie* abgibt – in der dritten Strophe einen signifikanten interpretatorischen Richtungswechsel, der mit dem 'harten Schnitt' des die Strophe initiierenden „und doch" eingeschlagen wird. So ist fortan nicht mehr von der nahezu unüberbrückbaren Kluft zwischen Tier und Mensch die Rede, sondern von einer relativen Nähe und strukturellen Vergleichbarkeit beider Existenzformen. Tier und Mensch werden als Ausformungen ein- und desselben evolutionären Prozesses verstanden; je nach Höhe ihres gattungsspezifischen Entwicklungsstandes werden die vorgestellten Tiere als dem Menschen ferner- oder näherstehend begriffen.

Statt vom „Geheiltsein" des sicheren Tieres spricht die dritte Strophe nun von einer „großen Schwermut", die dem Tier in Form von „Erinnerung" „anhaftet". Die Erinnerung rückt das „wachsam warme Tier", d.h. das Säugetier, in die Nähe des Menschen, sie wird zum Moment der Verbindung zwischen beiden. Beide sind von der Erinnerung an einen früheren, heileren oder harmonischeren Zustand – den pränatalen Zustand des Fötus im Mutterleib – betroffen und gleichsam von ihrer Schwere bedrückt. Allein im Maß des Bedrücktseins unterscheiden sie sich voneinander. Dem Säugetier „haftet [die Erinnerung] immer an", d.h. es ist zu keiner Zeit frei von ihrem belastenden Einfluss; der Mensch aber wird „oft [von der Erinnerung] überwältigt", d.h. die negativen Auswirkungen, welche die Erinnerung beim Menschen zeitigt, sind qualitativ zwar die gleichen wie beim Tier, quantitativ allerdings beim Menschen ungleich weitreichender. Der heile Zustand, „wonach man drängt", d.h. die Geborgenheit im Uterus, die man wieder erlangen möchte, ist unwiederbringlich verloren. Was sich dort als Näheverhältnis dargestellt hat, wird nun als „Abstand" wahrgenommen. Sowohl der Mensch als auch das Säugetier befinden sich somit seit ihrer Geburt in einem Zustand der als schwermütig und sorgenvoll empfundenen Trennung von jener ursprünglichen, im Mutterleib erfahrenen Daseinsinnigkeit („Atem").

Mit der an dieser Stelle einsetzenden Parallelführung von Tier und Mensch gewinnen die bisher allein dem Menschen zugeordneten Aussagen eine universalanimalische Relevanz; sie gelten nun gleichermaßen für alle im Gedicht aufgeführten tierischen Lebewesen, die – mit Ausnahme der Mücke – allesamt aufgrund ihrer in unterschiedlichen Graden gegebenen Erinnerungsfähigkeit als 'bewusstseinsbegabt' vorgestellt werden müssen. Tier und Mensch erscheinen nun beide in gleicher Weise als 'umgekehrte' Lebewesen,

5. Das Bewusstsein als Spezifikum der conditio humana

deren Blick nicht auf das Offene, sondern im Gegenteil auf ihren eigenen Zustand gerichtet ist, welcher dauerhaft durch die Erfahrung des Verlusts ihres ursprünglichen 'Schoßverhältnisses' geprägt ist. Sie blicken zurück auf die verlorene „erste Heimat" und projizieren diese Grunderfahrung von Verlust und Vergänglichkeit auf alles Gegenwärtige.[37]

5.6 Die animalische Stufenleiter

> O Seligkeit der *kleinen* Kreatur, / die immer *bleibt* im Schoße, der sie austrug; / o Glück der Mücke, die noch *innen* hüpft, / selbst wenn sie Hochzeit hat: denn Schoß ist Alles. / Und sieh die halbe Sicherheit des Vogels, / der beinah beides weiß aus seinem Ursprung [...] Und wie bestürzt ist eins, das fliegen muss / und stammt aus einem Schoß. Wie vor sich selbst / erschreckt, durchzuckts die Luft, wie wenn ein Sprung / durch eine Tasse geht. So reißt die Spur / der Fledermaus durchs Porzellan des Abends. / Und wir: Zuschauer, immer, überall, / dem allen zugewandt und nie hinaus! / Uns überfüllts. Wir ordnens. Es zerfällt. / Wir ordnens wieder und zerfallen selbst. (52-69)

Der Ort eines Lebewesens auf der poetisch-evolutionären Stufenleiter, welche die *Achte Elegie* entwirft, richtet sich nach dessen gattungsspezifischem postnatalen Zustand, d.h. nach der Art, wie sich „erste" und „zweite Heimat", also prä- und postnataler Zustand zueinander verhalten, bzw. danach, wie sich das vitale Grundgefühl innerhalb und außerhalb des Mutterleibs darstellt. So befindet sich die Mücke als dasjenige Tier, das auch nach seinem Schlüpfen noch über ein ungebrochenes 'Schoßverhältnis' verfügt, auf der untersten, gefolgt vom Vogel auf der nächsthöheren Stufe. Auf der linear ansteigenden Stufenleiter nimmt die Fledermaus schließlich die höchste Stufe innerhalb der vorgestellten Tiere ein; als Flugsäuger kommt sie dem Menschen als demjenigen Lebewesen am nächsten, das am offensichtlichsten in einem Zustand der Entfremdung und Trennung von jener Ursprungsgeborgenheit und -harmonie im Mutterleib lebt.

Die „kleine Kreatur", das Insekt, bildet in ihrer „Seligkeit" den kompositorischen Kontrapunkt zu allen im weiteren Verlauf angesprochenen Tieren. Allein die Mücke ist imstande, das in den ersten beiden Strophen der *Achten Elegie* entworfene Konzept eines Lebens

---

[37] Ein ähnlicher Gedanke findet sich auch in der *Sechsten Elegie*. Auch in ihr wird der pränatale Zustand im Mutterschoß positiver bewertet als die postnatale Existenz in der Außenwelt, welche im Gegensatz zur „Welt deines Leibs" in einer paradoxen Verkehrung der tatsächlichen Gegebenheiten die „engere Welt" (VI, 37) genannt wird.

I. Hauptthemen

im Offenen zu verwirklichen. Denn sie ist das einzige Lebewesen, von dem das Gedicht sagen kann, dass es niemals den „Schoß, der sie austrug", verlässt. Sie verbleibt immer in ihm, mit dem Offenen ist sie durch ein lebenslanges Schoßverhältnis verbunden.[38] Und „selbst wenn sie Hochzeit hat", wenn sie sich also fortpflanzt, verlässt sie ihn nicht. Denn „Schoß ist [ihr] Alles", d.h. die komplette Außenwelt *ist* für die Mücke dieser Schoß und bleibt dies zeit ihres Lebens.[39] Die Mücke verdankt ihr sie vor allen anderen Lebewesen auszeichnendes Glück ihrer niedrigen Stellung auf der Stufenleiter. Sie befindet sich nicht im Zustand der Subjekt-Objekt-Spaltung. So kann sie nicht zwischen sich und der Außenwelt unterscheiden, sie empfindet sich vielmehr als mit ihr identisch. Verglichen mit der Mücke, so darf man folgern, befinden sich alle anderen angesprochenen Tiere, inklusive des Menschen, in einem Zustand des relativen 'Unglücks'. Dieser wird bedingt durch die Position, die ein Tier auf der Stufenleiter einnimmt, d.h. er resultiert aus dem jeweiligen Stand seiner Bewusstseinsentwicklung. Bewusstseinsstand und Grad des Glücks verhalten sich dabei umgekehrt proportional zueinander: Je höher die Position auf der Stufenleiter, umso geringer ist das Glücksniveau bei dem jeweiligen Tier und umso größer ist wiederum der Grad der existenziellen Verunsicherung.

In diesem Sinn spricht die Elegie von der „halben Sicherheit des Vogels". In einer Aufzeichnung Rilkes zu Lou Andreas-Salomés *Drei Briefe an einen Knaben* heißt es zu diesem Sachverhalt:

> Bis beim Vogel alles ein wenig ängstlicher wird und vorsichtiger [als beim Insekt]. Sein Nest ist schon ein kleiner, ihm von der Natur geborgter Mutterschooß, den er [der Eltern-Vogel] nur zudeckt, statt ihn ganz zu enthalten. Und auf einmal, als wär es draußen nicht mehr sicher genug, flüchtet sich die wunderbare Reifung ganz hinein ins Dunkel des Geschöpfs und tritt erst an einer späteren Wendung zur Welt hervor, sie als eine zweite nehmend

---

[38] Vgl. RILKE: *Werke*. Bd. 2. S. 98 (Entwurf zu den Versen 52-55 der *Achten Elegie*): „Siehe das leichte Insekt, wie es spielt, nie entriet es / dem geborgenen Schoß. / Die es, entworfen, empfing, trug es aus und erträgts / die Natur, und im gleichen / Mutter-Raum treibt es und west / seine innige Zeit [...]"

[39] Rilke notiert hierzu in einer Taschenbuchaufzeichnung: „Daß eine Menge Wesen, die aus draußen ausgesetztem Samen hervorgehen, *das* zum Mutterleib haben, dieses weite erregbare Freie, – wie müssen sie ihr ganzes Leben lang sich drin heimisch fühlen, sie tun ja nichts, als vor Freude hüpfen im Schoß ihrer Mutter wie der kleine Johannes; denn dieser selbe Raum hat sie ja empfangen und ausgetragen, sie kommen gar nie aus seiner Sicherheit hinaus." (Ebd. Bd. 4. S. 693.)

5. Das Bewusstsein als Spezifikum der conditio humana

und den Begebenheiten der früheren, innigeren, nie mehr ganz zu entwöhnen.[40]

Die halbe Sicherheit des Vogels resultiert also aus seinem besonderen Schoßverhältnis, oder, wenn man so will, aus dem gleichzeitigen Nebeneinander zweier miteinander in Konkurrenz stehender Schoßverhältnisse, dem äußeren (Nest) und dem inneren (dem Körper des Mutter-Vogels). Der Vogel „[weiß] beinah beides [...] aus seinem Ursprung", zum einen die innige Geborgenheit des Mutterschoßes, zum anderen aber hat er auch „zur Außenwelt eine ganz besondere Gefühlsvertraulichkeit [...], als wüßte er sich mit ihr im innigsten Geheimnis"[41]; sie kommt der „Seligkeit der kleinen Kreatur" nahe. Der Vogel hat somit in gleichem Maß Anteil an der Existenzweise des Offenen, wie sie von der Mücke verkörpert wird, und an der des Geschlossenen, wie sie der Mensch repräsentiert. Seine Sicherheit kann von daher lediglich „halb" genannt werden, weil sein Bezug zum Offenen nur mehr ein halber ist.

Alle lebend gebärenden Tiere, die wie der Mensch und das „wachsam warme Tier" im Mutterschoß ausgetragen werden und ihn mit der Geburt verlassen müssen, erscheinen gegenüber solchen, für die das überhaupt nicht (Insekt) oder nur teilweise (Vogel) gilt, als in ihrer Existenz vergleichsweise weniger 'gesichert'. Je höher sich ein Tier auf der Stufenleiter befindet, umso höher ist auch das Maß der Verunsicherung, die ihm anhaftet.

Die Fledermaus als Flugsäuger ist das sinnfällige Beispiel eines Lebewesens, das in dem ihr von der Evolution zugewiesenen Lebensbereich „nicht sehr verläßlich zu Haus" ist (I, 12). Sie ist „bestürzt" angesichts der Tatsache, dass sie fliegen muss, obwohl sie einem Schoß entstammt. Sie nimmt den Luftraum wahr als einen ihr zutiefst fremden und gefahrvollen Bereich, in dem sie nicht ursprünglich heimisch ist wie Mücke (gänzlich) und Vogel (halbwegs). Ihre Bestürzung kommt sodann in ihrem Flug selbst zum Ausdruck: Die Fledermaus „durchzuckt die Luft, wie wenn ein Sprung / durch eine Tasse geht. [...] die Spur / der Fledermaus [reißt] durchs Porzellan des Abends." Allein an den beiden in dieser Passage verwendeten Verben wird die Zerrissenheit („reißen") und die krampfhafte Anstrengung, sich in der Luft behaupten zu müssen („zucken") ablesbar. Ihr Flug erscheint nie sehr weit entfernt von einem möglichen Absturz („bestürzt"). Wenn man nun das Fliegen als Verwirklichung des Lebens im Offenen (Luftraum) verstehen will, so wird am Beispiel der Fledermaus deutlich, wie weit sie als Säugetier hier-

---

[40] Ebd. S. 693.
[41] Ebd. S. 694.

von bereits entfernt ist. Die Fledermaus steht dem Menschen ungleich näher als den übrigen Tieren der Elegie.[42] Sie hat so gut wie nichts mehr gemein mit dem idealisierten Tier des Gedichteingangs. Sie ist alles andere als unbewusst, in ihrem Erinnerungsvermögen liegt das Vorhandensein einer gewissen Form von Zeitbewusstsein begründet; „wie vor sich selbst erschreck[en]" kann sie nur aufgrund eines – zumindest in Ansätzen – vorhandenen Selbstbewusstseins. In beiden Aspekten steht sie also in signifikantem Kontrast zur Ideal-Kreatur, der sowohl das Bewusstsein von Zeitlichkeit und Vergänglichkeit als auch der „Blick auf [den eigenen] Zustand", das Selbstbewusstsein, völlig fehlen. Die Fledermaus markiert in der *Achten Elegie* strukturell das Bindeglied zwischen dem unbewusstem Tierreich und dem Bereich des Menschen.

Das Bewusstsein, das in Bezug auf die Fledermaus eher als Kuriosum am Rande konstatiert werden konnte, ist das ganz zentrale und wesentliche Charakteristikum der *conditio humana*, wie die *Achte Elegie* sie entwirft. Die Verse 66-69 greifen die Quintessenz der ersten Strophe auf und wiederholen sie in ganz analoger Weise: Schicksal haben, das bedeutet „gegenüber [zu] sein / und nichts als das und immer gegenüber." Wir sind als Menschen zu jeder Zeit („immer") und an jedem Ort („überall") ausnahmslos in der Position derjenigen, die der Totalität der ihr ersichtlichen Welt, ihrem eigenen Ich, und nicht zuletzt dem eigenen Tod als Zuschauer gegenüberstehen. Wir sind nicht in der Lage, diese selbstreflexive Haltung zu überwinden; wir sind immer „dem allen zugewandt" und außerstande, über die gegenständliche Welt hinaus zu gelangen.

---

[42] Diese sind übrigens – mit Ausnahme des Menschen – allesamt Flugtiere. Die Flugtiermetapher versinnbildlicht augenfällig die Existenzweise des Offenen. Die *Achte Elegie* verdeutlicht auf diese Weise nochmals eindrücklich die Unerreichbarkeit des Offenen für den Menschen.

6. Räumliches

6.1 Der Raum als zentrale Konstituente der 'Verwandlungspoetik'

Die Kategorie des Räumlichen bildet eine zentrale Konstituente der Poetik von Rilkes spätem lyrischen Werk.[43] Im Unterschied zu der am Einzelgegenstand orientierten 'Kunstding-Poetik' der mittleren Werkphase (*Neue Gedichte*), die in der Auseinandersetzung mit einem konkreten, raum-zeitlich präzise bestimmbaren Objekt in einem minutiösen Nachbildungsversuch die – eng begrenzte – Wirklichkeit genau dieses Objekts sprachlich transparent zu machen sucht, ist die so genannte 'Verwandlungspoetik' bemüht, poetische Ausdrucksmöglichkeiten zu entwickeln, die es erlauben, die ungleich umfassendere Wirklichkeit der menschlichen Innenwelt darzustellen, denn:

> So ausgedehnt das 'Außen' ist, es verträgt mit allen seinen siderischen Distanzen kaum einen Vergleich mit den Dimensionen, *mit der Tiefendimension unseres Inneren*, das nicht einmal die Geräumigkeit des Weltalls nötig hat, um in sich fast unabsehlich zu sein. Wenn also Tote, wenn also Künftige einen Aufenthalt nötig haben, *welche* Zuflucht sollte ihnen angenehmer und angebotener sein, als dieser imaginäre Raum? Mir stellt es sich immer mehr so dar, als ob unser gebräuchliches Bewußtsein die Spitze einer Pyramide bewohne, deren Basis in uns (und gewissermaßen unter uns) so völlig in die Breite geht, dass wir, je weiter wir in sie niederzulassen uns befähigt sehen, desto allgemeiner einbezogen erscheinen in die von Zeit und Raum unabhängigen Gegebenheiten des irdischen, des, im weitesten Begriffe, *weltischen* Daseins. Ich habe seit meiner frühesten Jugend die Vermutung empfunden [...], dass in einem tieferen Durchschnitt dieser Bewußtseinspyramide uns das einfache *Sein* könnte zum Ereignis werden, jenes unverbrüchliche Vorhanden-Sein und Zugleich-Sein alles dessen, was an der oberen 'normalen' Spitze des Selbstbewußtseins nur als 'Ablauf' zu erleben verstattet ist.[44]

Mit dem Begriff des „*weltischen* Daseins" oder 'Weltraums' gelingt es Rilke, eine poetologische Kategorie zu entwickeln, die der unermesslichen Ausdehnung des menschlichen Innern sprachlich die Waage zu halten vermag. „Dieser 'Welt-Raum' lässt sich am ehesten begreifen als eine verabsolutierte Welt der Seele[, die] von allen

---

[43] Neben den ersten beiden *Elegien* lässt sich die Verwendung der Raummetaphorik in Rilkes Spätwerk wohl am besten an der im Januar 1913 entstandenen *Spanischen Trilogie* studieren. Vgl. RILKE: *Werke*. Bd. 2. S. 42-44.

[44] RILKE: *Briefe in zwei Bänden*. Bd. 2. 333f. (an Nora PURTSCHER-WYDENBRUCK, 11. 8. 1924).

II. Strukturkonstituenten

quantitativen wie qualitativen Begrenzungen befreit"[45] ist; dieser Umstand schlägt sich denn auch direkt in der enormen Erweiterung der poetischen Ausdrucksmöglichkeiten nieder, die sich gegenüber den Beschränkungen der mittleren Poetik als weitaus vielseitiger erweisen. Jener „imaginäre Raum" ist der von den menschlichen Bewusstseinskategorien der Zeitlichkeit und – paradoxerweise auch – der Räumlichkeit unabhängige Bereich, in dem die dichterische Imagination angesiedelt ist.

6.2 Allgemeines zur Relevanz des Räumlichen in den *Duineser Elegien*

Das Konzept des Weltraums als eines nach außen projizierten Innen- oder Seelenraums ist vor allem in der *Ersten* und *Zweiten Elegie* präsent. In der *Ersten Elegie* sind mit damit vier Aspekte verbunden: Der Weltraum muss erstens als der poetisch-imaginäre Bereich vorgestellt werden, in dem die Engel beheimatet sind. Als Raum der imaginativen Offenheit muss er zweitens als Gegenkonzept zum Begriff der „gedeuteten Welt" gelten; diese ist das Produkt einer verstandesmäßigen Reduktion der Welt auf ein dem Menschen jederzeit überschaubares und begrifflich verfügbares, konventionalisiertes Weltbild. Drittens ist der Weltraum der Bereich, in den die Toten nach ihrem Ableben „Zuflucht" finden; der Raum, in dem sich die irdisch-festen Bezüge auflösen, wo nicht zwischen Leben und Tod unterschieden wird, wo die von Rilke immer wieder geforderte Wahrnehmung von Leben und Tod als einer Einheit poetisch vollzogen ist. Viertens dient der Weltraum den intransitiv Liebenden als ungegenständlicher, „weltisch"-offener Zielbereich ihrer Liebe. Die Ausrichtung ihrer Liebe auf die „Räume" ist vergleichbar mit der Blickrichtung der Kreatur der *Achten Elegie* auf das Offene. Indem die Liebenden „aus den Armen die Leere / zu den Räumen hinzu[werfen], die wir atmen", „erweitert" sich die „Luft" (I, 23-25), die Liebenden tragen somit sozusagen zu einer Ausweitung oder Vertiefung des Raumes bei. Ihnen gelingt auf gewisse Weise das, was dem Menschen in der *Zweiten Elegie* ausdrücklich verwehrt bleibt. Während er dort nicht in der Lage ist, im Prozess seiner Auflösung in den Weltraum diesen nach uns „schmecken" zu lassen (vgl. II, 29f.), verfügen die intransitiv Liebenden der *Ersten Elegie* über das Potenzial, den Weltraum mit ihrem Gefühlsüberschuss zu bereichern.

Das Strukturmotiv des Räumlichen ist auch im Zusammenhang mit dem Verwandlungsauftrag von eminenter Bedeutung. So ist es

---

[45] RILKE: *Werke*. Bd. 2. S. 423 (Kommentar ENGEL).

6. Räumliches

wiederum das menschliche Innere, in welchem die dichterische Transformationsaufgabe geleistet werden muss (bzw. einzig geleistet werden kann). In einem Prozess der doppelten Vermittlung wird das im Schwinden begriffene Außen zunächst im menschlichen Innern ins poetische Wort überführt und sodann dem Engel sprachlich-deiktisch vermittelt, der es als Bewohner des Weltraums – also letztlich der menschlichen Seele selbst – in seinem „Anschaun" (VII, 71) aufbewahren soll. Das Irdische soll über das Medium des poetischen Worts im Innenraum der Seele seine überzeitliche Bedeutung erlangen.

6.3 Das 'Offene'. Zur konzeptuellen Genese einer Metapher

In der *Achten Elegie* entfaltet Rilke das Konzept des „Offenen" als einer visuellen Perspektive einerseits und einer Existenzweise andererseits, die sich unberührt von den Beschränkungen der gedeuteten, gegenständlichen Welt und ungetrübt von den Aporien des menschlichen Bewusstseins im „reinen Raum" entfalten kann. Rilke verdankt wesentliche Anregungen hierzu dem – dem Kreis der so genannten 'Münchner Kosmiker' angehörenden – Philosophen Alfred Schuler, dessen Vortragsserie *Die ewige Stadt* er 1917/18 fast vollständig verfolgt hatte. Eine kleine Zitatencollage hieraus mag die konzeptuellen Berührungspunkte zwischen Schulers weltanschaulichen Vorstellungen und den *Duineser Elegien* verdeutlichen:

> Kennzeichen des *geöffneten Lebens* sind: Gefühl der Erfüllung, der Sättigung, [...] Verweilen im Augenblick, Verewigung des Augenblicks, Stillstand der Zeit, Gefühl des absoluten Seins. Im offenen Leben wird der einzelne von den inneren Strömen ergriffen und gleichsam umgedreht, so dass er nach innen blickt, in die religiöse Kraftzentrale [...] Indem er sich mit dieser eint, schwindet das Außerhalb; alles wird Innenleben, alles symbolisiert Innenleben. [...] die Geburten kommen von dort, wohin die Toten gehen [...] Das ist offenes Leben. Das geschlossene Leben wehrt auch den Toten die Rückkunft, es versiegelt das Jenseits.[46]

Es wäre jedoch grundverkehrt, wenn man das Rilkesche Konzept des Offenen, wie es die *Achte Elegie* entwirft, ganz und gar auf Schulers Ideen zurückführen wollte. Rilke selbst hatte das Wort – unabhängig von nachweisbaren Einflüssen – bereits in seiner 1913 ent-

---

[46] SCHULER, Alfred: *Die ewige Stadt*. Gedruckt in: *Fragmente und Vorträge aus dem Nachlass*. Hg. v. Ludwig Klages. Leipzig 1940. – Zitiert nach ENGEL 1996 (= RILKE, *Werke*. Bd. 2. S. 677f.).

II. Strukturkonstituenten

standenen Prosaskizze *Erlebnis I* verwendet,[47] in dem er eine Art Entgrenzungserlebnis beschreibt, das den Protagonisten der Skizze „auf die andere Seite der Natur geraten"[48] ließ. Die genaue Qualität dieser Erfahrung drückt der gleichzeitig entstandene Fortsetzungstext, *Erlebnis II* betitelt, präziser aus:

> Späterhin meinte er, sich gewisser Momente zu erinnern, in denen die Kraft dieses einen schon, wie im Samen, enthalten war. Er gedachte der Stunde in jenem anderen südlichen Garten (Capri), da ein Vogelruf draußen und in seinem Innern übereinstimmend da war, indem er sich gewissermaßen an der Grenze des Körpers nicht brach, beides zu einem ununterbrochenen Raum zusammennahm, in welchem, geheimnisvoll geschützt, nur eine Stelle reinsten, tiefsten Bewußtseins blieb. Damals schloß er die Augen, um in seiner großmütigen Erfahrung nicht durch den Kontur seines Leibes nicht beirrt zu sein, und es ging das Unendliche von allen Seiten so vertraulich in ihn über, dass er glauben durfte, das leichte Aufruhn der inzwischen eingetretenen Sterne in seiner Brust zu fühlen.[49]

Ganz ähnlich wie die „Kreatur" der *Achten Elegie* erlebt der Protagonist der Skizze einen Zustand, in dem die Grenzen zwischen dem eigenen Körper und der Außenwelt aufgehoben erscheinen, er empfindet eine Identität zwischen Innenwelt und Umwelt, beide erscheinen ihm als ein „ununterbrochener Raum". Diese Erfahrung ist wesentlich vermittelt durch ein Hörerlebnis, den Ruf eines Vogels, der als gleichzeitig in seinem Innern und in der Außenwelt vorhanden wahrgenommen wird. Wie die Existenzweise des Offenen, kennt auch der in den beiden *Erlebnis*-Skizzen dargestellte Zustand offenbar keine Subjekt-Objekt-Spaltung; er stellt damit sozusagen eine 'Verwirklichung der Möglichkeit' dar, als Mensch die Begrenzungen der geschlossenen, gestalteten Welt zu überwinden.

6.4 Introspektionen

Dem Offenen als dem poetischen Konzept eines harmonischen Außenraums entspricht in der *Achten Elegie* der Mutterleib als ein Innenraum, der auch dem Menschen im pränatalen Zustand jene kreatürliche Daseinssicherheit gewähren kann. Innenräume ganz anderer Art begegnen uns jedoch in der *Dritten* und *Vierten Elegie*.

---

[47] Vgl. RILKE, Werke. Bd. 4. S. 668: „Überhaupt konnte er merken, wie sich alle Gegenstände ihm entfernter und zugleich irgendwie wahrer gaben, es mochte dies an seinem Blick liegen, der nicht mehr vorwärts gerichtet war und sich dort, im Offenen verdünnte [...]"

[48] Ebd. S. 667.

[49] Ebd. S. 668f.

6. Räumliches

Anstelle der Schutzfunktion, die der Innenraum des Mutterleibs für den Fötus ausübt und ihn so vor den Gefahren der Außenwelt bewahrt, weisen die Innenräume jener beiden – auch entstehungszeitlich benachbarten – Elegien einen dezidert konfrontativen Charakter auf. Sowohl der „Jüngling" der *Dritten* als auch das Ich der *Vierten Elegie* sehen sich in strukturell vergleichbaren, qualitativ aber grundverschiedenen Innenraumerlebnissen den Realitäten des eigenen Innenlebens gegenüber, zu denen sie sich jeweils introspektiv verhalten. Dabei gestaltet die *Dritte Elegie* eine wesentlich unbewusste, die *Vierte* eine wesentlich reflexive Introspektion.

6.4.1 Die *Dritte Elegie* als introspektive Konfrontation mit der eigenen Triebnatur

Die *Dritte Elegie* beschreibt die Konfrontation eines schlafenden Jünglings mit der eigenen Triebnatur als ein „Einlassen" (III, 48) oder Hinabsteigen in den weiten Raum einer archaisch-wilden inneren Landschaft. Diese innerliche „Wildnis" (53) kann sich dem Jüngling zwar bildlich mitteilen, nicht aber im eigentlichen Sinn bewusst werden. Sie trägt alle Charakteristika eines halluzinatorischen „Fieber"-Traums (48), dessen Inhalte sich dem Zugriff des Wachbewusstseins entziehen. Der Knabe ist den Bildern und Bewegungen seines Unbewussten schutzlos ausgeliefert.

Die *Dritte Elegie* leistet auf der ästhetischen Ebene genau das, was dem in seine Träume „verstrickten" (49) Knaben verwehrt bleiben muss: Sie bringt die Bilder des Unbewussten zu Bewusstsein, sie formt die amorphen, verworrenen Regungen des Unbewussten nach poetischen Gestaltungsprinzipien durch und bewirkt so deren Entschärfung. Die Elegie 'apollinisiert' oder humanisiert gewissermaßen das Moment des Dionysischen und erfüllt damit auf sprachkünstlerische Weise genau das, was die Freudsche Psychoanalyse auf dem Gebiet der Psychologie/Psychiatrie leistet.[50] Rilke selbst unterstreicht die therapeutische Funktion als einen Hauptaspekt seiner

---

[50] Trotz aller gedanklichen Nähe zur Psychoanalyse, hatte Rilke jedoch ein sehr gespaltenes Verhältnis zu ihr. So schreibt Rilke beispielsweise am 20. 1. 1912 an Lou Andreas-Salomé, die seit 1911 persönlich mit Freud bekannt war und maßgeblich zu Rilkes Freud-Rezeption beitrug: „Du begreifst, daß der Gedanke, eine Analyse durchzumachen, mir ab und zu aufsteigt; zwar ist mir, was ich von Freuds Schriften kenne, unsympathisch und stellenweise haarsträubend; aber die Sache selbst, von der ihm durchgeht, hat ihre starken Seiten [...] Was mich nun betrifft, so schrieb ich dir schon, daß ich, gefühlsmäßig, dieses Aufgeräumtwerden eher scheue und mir, bei meiner Natur, kaum etwas Gutes davon erwarten könnte. Etwas wie eine desinfizierte Seele kommt dabei heraus, ein Unding, ein Lebendiges, rot korrigiert, wie die Seite in einem Schulheft." (RILKE: *Briefe in zwei Bänden*. Bd. 1. S. 384.)

II. Strukturkonstituenten

Dichtung: „Mir kommt es immer noch vor, dass meine Arbeit eigentlich nichts ist als eine derartige Selbstbehandlung, wie wäre ich sonst überhaupt [...] auf die Arbeit gekommen."[51]

6.4.2 Die 'Bühne des Herzens' als Ort der Re-Inszenierung persönlicher Konflikte

Während die *Dritte Elegie* die introspektive Auseinandersetzung mit der archaischen Triebnatur des Menschen thematisiert, die als überpersönliches biologisches Vermächtnis unserer Vorfahren gedeutet wird, führt die *Vierte Elegie* einen weitaus persönlicher gefärbten Konflikt vor, den das lyrische Ich in seinem Innern mit seinem Vater (seinem unmittelbaren „Vorfahrn" – IV, 33) austrägt. Mit der 'Bühne des Herzens' ist dem Ich ein zur Introspektion prädestinierter Innenraum gegeben, in welchem sich die reflexive Aufarbeitung sowohl der eigenen (künstlerischen) Entwicklung als auch des sich hieran entzündenden Konflikts zwischen Sohn und Vater abspielt, der diese Entwicklung nicht gutheißen kann.[52]

Die Situation lässt sich wie folgt paraphrasieren:[53] Das Ich sitzt „vor seines Herzens Vorhang" (19) und wartet darauf, dass sich dieser öffnet und auf der Bühne ein Schauspiel gegeben wird. Doch was sich dort zunächst abspielt, ist nicht nach dem Geschmack des Ich; die Vorstellung genügt offenbar nicht seinem hohen Kunstverständnis. Der „Tänzer" (22), der im „bekannte[n] Garten" (21) auftritt, entpuppt sich rasch als zum Tänzer bloß „verkleidet[er]" „Bürger" (24), er tut lediglich „leicht" (23), doch tatsächlich fehlt ihm jegliche künstlerische Grazie. Das „Ich will nicht diese halbgefüllten Masken, / lieber die Puppe. Die ist voll. [Es] will / den Balg aushalten und den Draht" (26-28), d.h. es will sich lieber selbst schauspie-

---

[51] RILKE, Rainer Maria: *Briefe aus den Jahren 1907 bis 1914.* Leipzig 1933. S. 169. (An GEBSATTEL, 14. 1. 1912.)

[52] In diesem Fall ist es – bei aller ansonsten in dieser Hinsicht gebotenen Zurückhaltung – durchaus angezeigt, diesen Konflikt als persönlichen Reflex Rilkes auf das Verhältnis zu seinem Vater zu lesen, der die künstlerischen Neigungen seines Sohnes mit Skepsis und Sorge betrachtete.

[53] Es soll keineswegs der Eindruck erweckt werden, dass mit diesem – stark reduktionistischen – Deutungsansatz bereits die gesamte Bandbreite der Deutungsmöglichkeiten beleuchtet worden wäre. Das Gegenteil ist der Fall: In der hohen Komplexität ihrer Bildlichkeit, in ihren Gedankensprüngen und überraschenden Wendungen ist die *Vierte* diejenige unter den *Duineser Elegien*, die sich einer erschöpfenden, homogenen Deutung am beharrlichsten widersetzt. Der Zweck meiner Paraphrase besteht denn auch nicht primär darin, eine konsensfähige Interpretation zu liefern, sondern darin, am Beispiel *eines* möglichen Deutungsvorschlags die Wirkungsweise der – der gesamten Passage zugrunde liegenden – Innenraumstruktur zu verdeutlichen.

6. Räumliches

lerisch (bzw. allgemein künstlerisch) betätigen, anstatt mit einer 'bürgerlichen Farce' vorlieb nehmen zu müssen – eine Vorausdeutung auf den bürgerlichen Zukunftsentwurf des Vaters für seinen Sohn. Obwohl es allein ist im Zuschauerraum, dem eigenen Herzen, „bleib[t] [es] dennoch" (36), denn, so sein beharrliches Argument, „es giebt immer Zuschaun" (ebd.).

Hieran knüpft sich, völlig unvermittelt für den Leser, ein imaginiertes oder erinnertes Streitgespräch mit dem Vater; dabei ist für das Ich ein trotzig herausfordernder Argumentationsstil kennzeichnend, der sich im zweifachen „Hab ich nicht recht" (37 und 47) äußert. Im Zentrum des Streits stehen zwei diametral entgegengesetzte Entwürfe für die Zukunft des Sohnes. Der des Vaters sieht für den Sohn eine bürgerliche Laufbahn vor (im Falle Rilkes heißt das konkret eine Offizierslaufbahn), der Sohn hingegen strebt mit allen Mitteln eine Dichterexistenz an. Der „erste trübe Aufguß meines Müssens" (39) – d.h. seine ersten, nach eigener Einschätzung qualitativ eher bescheidenen literarischen Hervorbringungen – „schmeckt" (41) dem Vater nicht gut; er ist befremdet angesichts der poetischen Ambitionen seines Sohnes. Dieser, der sich noch zu Lebzeiten des Vaters über dessen Bedenken hinwegsetzt, fühlt nun, „seit [sein Vater] tot [ist]", dass jener „oft / in meiner Hoffnung, innen in mir, Angst [hat], / und Gleichmut, wie ihn Tote haben [... aufgibt] für mein bißchen Schicksal" (43-46). In seinem Innern, vor seinem Gewissen, spielt das Ich jenen für seine Entwicklung zentralen Konflikt in einer Art innerem Selbstgespräch wieder durch, wobei die väterlichen Positionen und Reaktionen referierend wiedergegeben werden.

Neben dem Streitgespräch mit dem Vater durchlebt das Ich im Innenraum des eigenen Herzens einen weiteren, offenbar in ähnlichem Maße prägenden Konflikt mit jenen „Menschen, zu denen das Ich in liebender – damit aber auch einengende Verpflichtungen auferlegender – Beziehung steht."[54] Diesen (Verpflichtungen) entgeht das Ich – weniger intentional als aufgrund seiner poetischen Veranlagung – dadurch, dass ihm „der Raum in eurem Angesicht, / da ich ihn liebte, überging in Weltraum, / in dem ihr nicht mehr wart ...." (50-52). Das Ich erweist sich damit jenen ihm in Liebe zugetanen Menschen zugleich als unter- sowie als überlegen; unterlegen, weil es nicht in der Lage zu sein scheint, die mit jeder realen Liebe zwangsläufig verbundenen Verpflichtungen auszuhalten; als überlegen, weil es, im Unterschied zu ihnen, die ganz und gar auf dem Boden der gedeuteten Welt stehen, im Leben über eine weitere Di-

---

[54] RILKE: *Werke*. Bd. 2. S. 650 (Kommentar ENGEL).

mension verfügen kann: die Welt der Kunst, für die hier der Weltraum steht.

Fasst man die beiden Konfliktsituationen zusammen, ergibt sich folgendes Bild: Das Ich sieht sich von außen, von Menschen, die ihm an sich mit Liebe begegnen sollten, genötigt, wider Willen und entgegen seiner natürlichen Veranlagung, eine ihm zutiefst fremde, bürgerliche Rolle auszufüllen, anstatt seinem Herzenswunsch nach einem authentischen künstlerischen Leben, nach „Schauspiel" (57), zu folgen. Vor dem Hintergrund jener falschen bürgerlichen Inszenierung (vgl. 19-29) entwirft nun das Ich das Bild eines wahren Schauspiels und mithin ein authentisches Kunstethos. Schauspiel kann sich nur dort einstellen, wo die unbedingte Bereitschaft hierzu vorhanden ist: „wenn mir zumut ist, / zu warten vor der Puppenbühne, nein, / so völlig hinzuschaun, dass, um mein Schauen / am Ende aufzuwiegen, dort als Spieler / ein Engel hinmuß, der die Bälge hochreißt" (52-56). Wahres Schauspiel (bzw. Kunst allgemein) ist nach der Definition, welche die *Vierte Elegie* liefert, nur dann möglich, wenn wir das zusammen bringen, „was wir immerfort / entzwein, indem wir da sind" (58f.), d.h. was wir aufgrund unserer gespaltenen Existenz als Unvereinbarkeiten ansehen müssen: reine Leiblichkeit und reine Geistigkeit, poetisch verkörpert durch Puppe und Engel.

Dass sich diese Wiedervereinigung des ansonsten strikt Geschiedenen im Künstler-Ich einstellen kann, verdankt es der Beharrlichkeit seines Schauens, sprich seiner Bereitschaft zum Schauspiel. Sein Schauen ist handlungsauslösend, es ermöglicht in der Vereinigung von Puppe und Engel nicht nur deren Synthese zum harmonischen Kunstereignis, sondern hilft damit auch, die Aporien des menschlichen Bewusstseins – zumindest für die Dauer des Schauspiels, d.h. für die Zeit sowohl der Kunstproduktion wie auch ihrer Rezeption – in einer Synthese von Sinnlichkeit und Intellektualität, Körper und Geist, zu überwinden. Der Raum des menschlichen Innern, sein sinnbildliches Herz, ist der Ort, an dem dies allein möglich erscheint. Die prosaische Außenwelt dagegen erweist sich in ihrem auf bloße „Zerstreuung" (vgl. X, 37) angelegten Kunstverständnis als zutiefst kunstfeindlich. Es ist ein bedeutsamer Zug, dass wahre Kunst sich in den *Duineser Elegien* nur in solchen Innenräumen wie dem menschlichen Herzen oder im Innern eines imaginären Raumes (dem Bereich des Todes in der Schluss-Strophe der *Fünften Elegie*) vorstellen lässt.

7. Akustisches

7.1 Vorbemerkung

Das Moment des Akustischen fungiert in den *Duineser Elegien* als bestimmender 'sinnlicher' Darstellungsmodus. Mit Ausnahme der *Vierten, Fünften* und *Achten Elegie*, die eindeutig von ihrer Visualität (bzw. Visualisierbarkeit) dominiert sind, prägt das Akustische jedoch in allen weiteren Elegien wesentlich die Textstruktur. Nimmt man die Koda der *Zehnten Elegie* einmal aus, dann markiert das Strukturmotiv des Akustischen sowohl das erste als auch das letzte Wort im gesamten Elegienzyklus: Der (unterdrückte) Schrei des Ich in Richtung der Engel bildet den Auftakt, das völlige, hallfreie Verstummen der Schritte des toten Jünglings beim Aufstieg in die „Berge des Ur-Leids" sozusagen den „tonlosen" (104f.) Schlussakkord der *Elegien*. Das Akustische, das als das physikalische Medium der gesprochenen Sprache ohnehin als das natürliche Element jeglicher Dichtung angesehen werden muss, erfährt hier eine besondere Betonung, da es sich im Rahmen der *Elegien* immer wieder – implizit und explizit – selbst zum Thema macht. Die *Duineser Elegien* dürfen somit unter anderem auch als ein Zeugnis selbstreflexiver Dichtung, so genannter Meta-Literatur, gelesen werden.

In den *Elegien* ist das Akustische – auch dann, wenn es in Form nonverbaler Äußerungen auftritt (z.B. als „Rauschen" in der *Ersten Elegie*) – stets als bedeutungsgeladene lautliche Artikulation aufzufassen; diese ist semantisch markiert und muss daher in jedem Fall als ein Signifikant (Bezeichnendes) gelesen werden, der wiederum auf ein Signifikat (Bezeichnetes) verweist. Das Signifikant-Signifikat-Verhältnis hat dabei aber zumeist metaphorischen Charakter, d.h. das lautliche Zeichen bedeutet nicht primär den bezeichneten Gegenstand, sondern es weist in der Regel auf ein Drittes hin, das metonymisch mit dem Bezeichneten zusammenhängt. So ist beispielsweise mit dem Schreien des lyrischen Ich (vgl. I, 1) nur vordergründig ein tatsächlicher Schrei gemeint, sondern eigentlich der Versuch einer dichterischen Äußerung, und zwar einer solchen, die mit dem Schrei das Charakteristikum des Eruptiven, Verzweifelten gemein hat. Eine solche Form der Dichtung könnte man als 'Dichtung im Angesicht einer existenziellen Bedrohungs- oder einer künstlerischen Notsituation' klassifizieren. Mit dem Singen ist eine weitere akustische Dichtungsmetapher angesprochen, die im Unterschied zum Schreien allerdings keine äußere oder innere Not konnotiert, sondern allein die dichterische Darstellung eines ('einfachen') Gegenstands bedeutet, wie sie die *Erste Elegie* anspricht: „Sehnt es dich aber, so singe die Liebenden" (I, 36). Als eine weitaus problematischere Aufgabe erweist sich dagegen, die apollinische Formgebung des per se amorphen Dionysisch-Triebhaften, die „leichte Gestaltung des Triebs"[55], wie sie die *Dritte Elegie* fordert und selbst zu verwirklichen sucht. Das Singen leistet formalästhetisch im Hinblick auf seinen Gegenstand das, was die Elegie in Bezug auf den Jüngling vom Mädchen verlangt, sie „tu[t ...] ein verläßliches Tagwerk" (III, 82) für ihn, sie befreit ihn aus den „Ranken" (50) „seines Inneren Wildnis" 53) und „führ[t] ihn nah an den Garten heran" (82f.), d.h. sie „mäßigt" (II, 79) und humanisiert ihn.

7.2 Engel und Mensch

Das Verhältnis des Menschen zum Engel ist gekennzeichnet als eines des lautlichen Bezugs. Der Engel dient dem lyrischen Ich der *Duineser Elegien* als Adressat seiner verschiedenartigen lautlichen Artikulationsformen. Er selbst bleibt dabei stets stumm. Wir erfahren nichts *von* ihm, sondern nur *über* ihn; die *Erste, Zweite, Siebente* und *Zehnte Elegie* geben hierüber Auskunft. Das lyrische Ich der *Ersten Elegie* erwägt die Möglichkeit, sich schreiend an einen oder mehrere Engel zu wenden, es „verschluckt" jedoch postwendend den „Lockruf / dunkelen Schluchzens" (I, 8f.), jenen Klagelaut über eine (möglicherweise allgemein-menschliche, sehr viel wahrscheinlicher aber über die) künstlerische Notsituation, in der es sich befindet.[56] Die *Zweite Elegie* greift diesen Gedanken auf und setzt ihn nun in die Tat um. Trotz ihrer Schrecklichkeit „ansingt" das Ich die Engel, jene „fast tödliche[n] Vögel der Seele" (II, 2), d.h. es tritt in einen lautlich-sprachlichen Kontakt zu ihnen. Dieser muss jedoch als ein distanzierter, indirekter oder 'unpersönlicher' charakterisiert werden, denn lediglich in den ersten beiden Strophen verwendet das Ich die entsprechenden Personalpronomina der zweiten Person Plural ('euch' und 'ihr'). Das Ich preist im hymnischen Ton das vollendete Wesen der Engel (vgl. II, 10-17). Danach ist in der *Zweiten Elegie* nur noch zweimal vom Engel die Rede, der allerdings nicht mehr als Adressat angesprochen, sondern lediglich als Referenzobjekt der Ausführungen des lyrischen Ich gestreift wird: „Fangen die Engel / wirklich nur Ihriges auf [...] Sind wir in ihre / Züge soviel nur gemischt wie das Vage in die Gesichter / schwangerer Frauen?" (30-35).

Nachdem der Engel in der *Vierten Elegie* in der Rolle des Puppen-

---

[55] Vgl. Anm. 13.

[56] Biographisch ließe diese sich beziehen auf die Phase nach dem Abschluss des *Malte*-Romans (1910), als Rilke in eine erste tiefe Schaffenskrise geriet und er den Verlust seines kreativen Potenzials befürchtete.

7. Akustisches

spielers imaginiert wurde, kehrt auch die *Fünfte Elegie* nicht in die Bahnen der für die beiden Eingangselegien kennzeichnenden Kontrastivik von Engel und Mensch zurück, welche dem Menschen die bekannten Gefährdungen durch den (schrecklichen) Engel aufzeigte, sondern wendet sich nun, wie auch die *Siebente Elegie*, wieder direkt und mit gesteigertem Selbstvertrauen an den Engel. Das Ich appelliert an den Engel, ihm seine (des Engels) metaphysische Unterstützung bei der Verwandlungsaufgabe zukommen zu lassen. Es fordert den Engel auf, das menschliche „Lächeln" zu „verwahren" (V, 57 und 59). In der *Siebenten Elegie* bittet es den Engel: „[...] o du Großer, erzähls, dass wir solches vermochten, [denn] mein Atem / reicht für die Rühmung [der menschlichen Kulturleistungen] nicht aus" (VII, 76f.). Das Ich „zeigt" dem Engel die vom Schwinden bedrohten irdischen Dinge, auf dass sie im „Anschaun" (70), d.h. im zeitenthobenen Blick des Engels „gerettet zuletzt, nun endlich aufrecht [stehn]" (72). Etwas aus dem Rahmen des Gesamtzusammenhangs fällt die am Schluss der Elegie zur Schau gestellte trotzige Affirmation der Stärke des eigenen Rufs, die im synästhetischen Sprach-Bild des „Anrufs" (87) als eines „gestreckten Arms" (88f.) zweierlei zum Ausdruck bringt: einerseits die Bereitschaft, sich von der „Werbung" (1) um den Engel loszusagen und andererseits das im Verlauf der *Elegien* neu hinzugewonnene Selbstbewusstsein des lyrischen Ich als Mensch wie als Dichter. Als Mensch kann er mit Stolz und ohne Unterwürfigkeit sagen: „O staune, Engel, denn *wir* sinds, / wir [...] haben [...] nicht die Räume versäumt [...] Aber ein Turm war groß [...] Chartres war groß-, und Musik / reichte noch weiter hinan" (vgl. 75-85); und als Dichter gehört er nicht zur Gruppe jener „Enterbten" (63), die angesichts der sich vollziehenden lebensweltlichen Veränderungen den Bezug sowohl zum „Früheren" als auch zum „Nächsten" (64) verloren haben: „*Uns* [Dichter] soll / dies nicht verwirren; es stärke in uns die Bewahrung / der noch erkannten Gestalt" (65-67).

In der *Zehnten Elegie* findet wiederum keine direkte Anrede an den Engel statt; es ist lediglich von der Hoffnung die Rede, „dass ich dereinst, an dem Ausgang der grimmigen Einsicht, / Jubel und Ruhm aufsinge zustimmenden Engeln" (X, 1f.). Im Sprachmodus des Optativs artikuliert das lyrische Ich den Wunsch, zu jenem (in der Zukunft liegenden) Zeitpunkt in der Lage zu sein, zu den Engeln „aufzusingen". Diese lautliche Artikulationsform unterscheidet sich signifikant vom Schrei der *Ersten Elegie*, dessen beherrschendes Moment das der verzweifelten Klage war, und auch vom Ansingen der *Zweiten Elegie*, das noch durch und durch vom Werbungscharakter geprägt war. Im Aufsingen klingt der emanzipatorische Ge-

II. Strukturkonstituenten

danke der *Siebenten Elegie* wieder an, hier allerdings bei weitem gemäßigter als dort. Der Mensch, oder präziser das Dichter-Ich der *Elegien* hat das Bedürfnis überwunden, von den Engeln „ans Herz" genommen (vgl. I, 2f.) zu werden, es hat seine passiv-verzweifelte Haltung aufgegeben und allen Ungunstfaktoren zum Trotz (Vergänglichkeit, Ausrichtung auf den eigenen Tod, Schwund der Dinge, etc.) den Auftrag der Erde angenommen, der darin besteht, die irdisch-menschlichen Kultur-Dinge sowie die emotionalen menschlichen Leistungen ins dichterische Wort zu transformieren, um ihnen so eine zeitenthobene Existenz zu gewährleisten. Die Aufgabe des Engels, dem all diese Dinge gezeigt, d.h. in erster Linie natürlich sprachlich vermittelt werden, besteht nun ausschließlich darin, den Worten (dem Gesang) des Dichter-Ich „zuzustimmen", d.h. sie somit (metaphysisch) zu bezeugen.

7.3 Tod und Akustik

Zwischen dem Tod und dem Akustischen besteht in den *Duineser Elegien* ein enger Zusammenhang. Das Lautliche kann in gewissem Sinn als das Ausdrucksmedium der Toten angesehen werden. So teilt sich dem lyrischen Ich in der *Ersten Elegie* der Auftrag zur Rehabilitation des Todes so genannter „junger Toter" – neben dem Verwandlungsauftrag der zweite Auftrag, mit dem das Ich in den *Elegien* betraut wird – akustisch mit:

> Stimmen, Stimmen. Höre mein Herz [...] das Wehende höre, / die ununterbrochene Nachricht, die aus Stille sich bildet. / Es rauscht jetzt von jenen jungen Toten zu dir. /Wo immer du eintratst, redete nicht in Kirchen zu Rom und Neapel ruhig ihr Schicksal dich an? [...] Was ist mir wollen? leise soll ich des Unrechts / Anschein abtun, der ihrer Geister / reine Bewegung manchmal ein wenig behindert. (I, 54-68)

Ferner wird der gewaltsame Tod des griechischen Halbgottes Linos von der *Ersten Elegie* als Initialzündung für die spontane Entstehung der Musik gedeutet. Die Musik sei aus der Klage – ihrerseits ein akustisches Phänomen – hervorgegangen, sie habe die „Erstarrung", die der Tod des Linos bei den Trauernden ausgelöst hat, „durchdrungen" (vgl. 91-95). Die Musik ist – will man sie psychologisch deuten – anzusehen als eine künstlerisch sublimierte Form der (als biologischer Reaktionsweise ohnehin in uns angelegten, lautlich sich in Weinen, Schreien, Schluchzen etc. äußernden) Totenklage. Beide Formen der Totenklage dienen der 'Trauerarbeit', d.h. der Kanalisation der innerlich angestauten Trauer, oder – bildlich gesprochen – einem Durchbrechen der Erstarrung, jener paralyseartigen Schockreaktion auf den Tod eines nahestehenden Menschen. Zusätzlich zu den beiden Funktionen des „Tröstens" und „Helfens" (vgl. 95), welche auch die biologisch fundierte Totenklage leistet, erfüllt die Musik noch einen weiteren, über die Ziele der Trauerbewältigung sogar noch hinausgehenden Zweck, sie vermag als Kunstform auch ästhetisch „hinzureißen" (ebd.), d.h. den Rezipienten im Hörerlebnis in einen Zustand der Begeisterung zu versetzen. Auf diese Weise wird nachträglich noch einmal deutlich, warum die *Zehnte Elegie* die „Quelle der Freude" – als solche dürfen wir die Musik in der Tat erachten – im Leidland entspringen lässt.

7.4 Der Gang durchs Leidland als Bewegung vom Lärm zum Schweigen

Der Prozess der Totenklage, den die *Zehnte Elegie* als einen allegorisierten Gang des verstorbenen Jünglings und der ihn leitenden Klage durch das Leidland beschreibt, lässt sich, wenn man ihn in Beziehung zum vorangehenden Leid-Stadt-Erlebnis setzt, als eine Bewegung vom Lärm hin zum Schweigen charakterisieren. Der in der Leid-Stadt allgegenwärtige Lärm, der besonders deutlich auf dem Jahrmarkt zum Tragen kommt, unterstreicht den primären Eindruck von Fremdheit, Uneigentlichkeit und Falschheit im Umgang mit dem Tod, welcher der Leid-Stadt-Szenerie unverwechselbar anhaftet (vgl. X, 16-29). Den betäubenden Wirkungen, die der Konsum des bitteren Biers „'Todlos'" (35) sowie die dazu verzehrten „Zerstreuungen" (37) hervorrufen, entspricht auf akustischer Ebene die „aus Übertönung gemachte / Stille" (17f.), die keine echte, sondern lediglich eine scheinbare Stille, gewissermaßen eine akustische Täuschung über das wahre Wesen des Todes, ist. Im Kontext der Totenklage bedeutet die wahre Stille, wie sie am Ende des Trauerprozesses erreicht wird, den versöhnlichen Abschied vom Toten, d.h. die Annahme seines Todes durch die Hinterbliebenen: Die Stille verweist auf das Zur-Ruhe-Kommen des Klagens, konkret bedeutet dies das Verstummen der akustischen Klagelaute. Gegenüber dem ohrenbetäubenden Lärm auf dem Jahrmarkt, den „das platzende Denkmal" (19) oder die „Buden [..., die] werben, trommeln und plärrn" (28f.) hervorrufen, wirkt die Situation „hinter der letzten Planke" (35) ungleich ruhiger und aufrichtiger, und dementsprechend nennt das Gedicht sie nun auch „*wirklich*" (38).

Im hierauf beginnenden Durchgang durch das Leidland wird der Jüngling über seine Geschichte, Kultur, Topographie, Fauna und Flora sowie über die „Sterne des Leidlands" (88) unterrichtet. Dies geschieht in der ersten Phase abwechselnd in visuellem Zeigen und akustischen Mitteilungen. In der Konfrontation mit dem mächtigen „Sphinx"-Haupt (75), das immerhin in der Lage ist, das Gewicht der

II. Strukturkonstituenten

Sterne visuell mit seinem gleichermaßen gewichtigen „Gesicht" (77) aufzuwiegen, werden dem toten Jüngling jedoch die Grenzen des visuellen Fassungsvermögens aufgezeigt: „Nicht erfaßt es sein Blick, im Frühtod / schwindelnd" (80f.). Von nun an ist die Akustik das einzige dem Jüngling zugängliche Mitteilungsmedium. Der Sphinx selbst, das „über Alles / wachende Grab-Mal" (73f.), aber verbleibt stumm; er ist als letzte Ruhestätte der Toten[57] ebenso „verschwiegen" (75) wie die „Berge des Ur-Leids" (104), in die der Jüngling schließlich aufsteigen wird. Einzig indirekt, d.h. akustisch vermittelt, kann sich ihm seine Gestalt, der Kontur des Sphinx-Haupts, mitteilen; allerdings nicht verbalsprachlich-deskriptiv, sondern ausschließlich in Form einer nonverbalen Akustik, die ganz auf die Erzeugung räumlich-dreidimensionaler Geräusch-Bilder ausgerichtet ist. Durch das „Schaun" der Klage aufgeschreckt,

> streif[t die Eule] im langsamen Abstrich die Wange [des Sphinx-Gesichts] entlang, [...] zeichnet weich in das neue / Totengehör, über ein doppelt / aufgeschlagenes Blatt, den unbeschreiblichen Umriß (81-87).[58]

---

[57] In diesem Punkt irrt sich Rilke, wie spätere archäologische Ausgrabungen belegten; vgl. LOOSE, Gerhard: Two Notes on Rainer Maria Rilke's 'Duineser Elegien'. In: *Modern Language Notes 78* (1963). S. 432f.: „Although Rilke warned against an identification of the 'Klageland' with the necropolis of Gizeh, he none the less suggested close similarity by characterising the relationship of the 'Grab-Mal' and the Sphinx as fraternal. However, it must not be inferred that the Sphinx of Gizeh is a tomb or sepulchre. [...] The belief that the Sphinx contained a chamber persisted through the ages [...] Whether there was a chamber or not, and whether or not it was a tomb, this question was not answered until the late 1930's when the excavation of the Sphinx was completed."

[58] Vgl. hierzu Rilkes Brief an Magda von Hattingberg vom 1. 2. 1914, in dem er ein Erlebnis beschreibt, das er während seiner Ägypten-Reise 1911 hatte, als er „fast eine ganze Nacht unter dem großen Sphinx lag", das der *Zehnten Elegie* als direkte Vorlage diente: „[...] hier erhob sich ein Gebild [der Sphinx von Gizeh], das nach dem Himmel ausgerichtet war; an dem die Jahrtausende nichts wirkten als ein wenig verächtlichen Verfall, und es war das Unerhörteste, daß dieses Ding menschliche Züge trug, (die uns innig kenntlichen Züge eines menschlichen Gesichts) und in seiner erhabenen Lage mit ihnen ausreichte. [...] Dieses Angesicht hatte die Gewohnheiten des Weltraums angenommen [...] Und da, als ich sie eben wieder betrachtete, da wurde ich plötzlich, auf eine unerwartete Weise ins Vertrauen gezogen, da bekam ich sie zu wissen, da erfuhr ich sie in dem vollkommensten Gefühl ihrer Rundung. [...] Hinter dem Vorsprung der Königshaube an dem Haupte des Sphinx war eine Eule aufgeflogen und hatte langsam, unbeschreiblich hörbar in der reinen Tiefe der Nacht, mit ihrem weichen Flug das Angesicht gestreift: und nun stand auf meinem, von stundenlanger Nachtstille ganz klar gewordenen Gehör der Kontur jener Wange, wie durch ein Wunder, eingezeichnet." (RILKE: *Briefe in zwei Bänden*. Bd. 1. S. 506f.)

7. Akustisches

Die Eule ist als Todessymbol dazu prädestiniert, dem Jüngling in jener einzigartigen 'akustischen Zeichnung' das wahre Wesen des Todes zu vermitteln. Man kann diese Sequenz wie auch den Umstand der dreifachen Verwendung abgeleiteter Bildungen zum Grundverb „schweigen" (75, 77, 96) als Vorbereitung des Jünglings auf das ihm bevorstehende „tonlose Los" (105) in den Bergen des Ur-Leids lesen. Mit dem Aufstieg in jenes Gebirge findet die akustische Abwärtsbewegung ihren lautlosen Schlusspunkt.

8. Zyklisches

Das Motiv des Zyklischen gehört neben dem Räumlichen und dem Akustischen zu den zentralen Strukturkonstituenten der *Duineser Elegien*. Es ist vor allem in zwei Ausprägungen im Gedichtzyklus vertreten: einerseits als Jahreszeiten-Thematik und andererseits in Form so genannter 'Daseinsfiguren', welche schon den Charakter der Lyrik der mittleren Werkphase, vor allem der *Neuen Gedichte*, maßgeblich bestimmten. Zusätzlich zu diesen zyklisch geschlossenen Figuren, wird abschließend auf ein komplementäres bildliches Phänomen einzugehen sein, das sich von den Figuren durch das Fehlen zweier, diese wesentlich kennzeichnenden Merkmale (dem der Bewegung und dem des 'Umschlags'), abhebt, ansonsten aber eine durchaus vergleichbare Funktion ausübt; dieses Phänomen nenne ich (analog zu den Daseinsfiguren) 'Daseins-Standbilder' oder 'Daseins-Monumente'.

8.1 Die jahreszeitliche Geschlossenheit als Sinnbild des 'vollzähligen Lebens'

Ganz ähnlich wie die *Achte Elegie* führt auch schon die *Vierte Elegie* einen gegenbildlichen Vergleich zwischen Tier und Mensch durch, infolge dessen das menschliche Bewusstsein als Hauptursache menschlicher 'Daseinsunsicherheit' herausgestellt wird. Während die *Achte Elegie* die unterschiedlichen Blick- und Bewegungsrichtungen von Kreatur und Mensch als Hauptdifferenzierungskriterien wählt, orientiert sich die *Vierte Elegie* am Aspekt der 'Zeitigkeit' zur Kennzeichnung von tierischer bzw. menschlicher Existenzweise.

8.1.1 Animalisches „Verständigt-Sein" und menschliche „Verspätung"

Am Beispiel der „Zugvögel" (IV, 2f.) führt die Elegie den instinktbedingten Einklang mit dem 'Rhythmus der Natur' vor, in welchem die Tiere im Unterschied zum Menschen leben. Die Zugvögel 'wissen' instinktiv und zur rechten Zeit, wann sie ihre südlichen Winterquartiere anzusteuern haben; ebenso sind sie informiert, zu welchem Zeitpunkt sie im darauffolgenden Frühjahr wieder zu ihren nördlichen Brutstätten fliegen müssen, um dort 'rechtzeitig' für Nachwuchs zu sorgen. Wir Menschen dagegen „sind nicht einig. Sind nicht wie die Zug- / vögel verständigt" (2f.). Im Unterschied zu diesen wirkt unser Agieren „überholt und spät" (3), und anstelle des harmonischen Einvernehmens, welches offenbar zwischen den Zugvögeln und der Natur herrscht, erwecken unsere Handlungen den Eindruck des Überhasteten und Gewaltsamen. Anstelle der

II. Strukturkonstituenten

Zugvögel ins Bild eingesetzt, heißt es vom Menschen: „so drängen wir uns plötzlich Winden auf / und fallen ein auf teilnahmslosen Teich" (4f.). Zwischen der Natur und dem Menschen besteht keinerlei empathische Beziehung. Schuld an dieser zwischen beiden herrschenden Disharmonie sind – genau wie in der *Achten Elegie* – die verschiedenen Aspekte des menschlichen Bewusstseins: Gegenstands-, Zeit- und Selbstbewusstsein. Diese zusammengenommen bedingen sowohl die Subjekt-Objekt-Spaltung als auch das (im Kontext der *Achten Elegie* noch zentralere) Todesbewusstsein, so dass die *Vierte Elegie* vom Menschen sagen kann: „Blühn und verdorrn ist uns zugleich bewußt" (6). Während wir sprichwörtlich in der Blüte unseres Lebens stehen, ist uns der Tod bzw. die Tatsache unserer eigenen Sterblichkeit gleichzeitig immer schon bewusst. Das Tier dagegen ist – in ähnlicher Weise wie etwa der Sterbende aus der *Achten Elegie* (vgl. VIII, 21-23) – zeitlich immer auf gleicher Höhe mit seinen Lebensvorgängen. In diesem Sinn heißt es am Schluss der Eingangsstrophe der *Vierten Elegie* von den „Löwen", dass sie, „solang sie herrlich sind, von keiner Ohnmacht [wissen]" (7f.), d.h. dass sie, während sie im Vollbesitz ihrer körperlichen Kräfte sind und somit gewissermaßen „blühen", kein Wissen eines ihnen zwangsläufig bevorstehenden Machtverlusts (bei Nachlassen ihrer Körperkraft bedingt durch Krankheit und Alter) haben können, denn sie kennen nicht wie wir die unterschiedlichen Zeitkategorien von Gegenwart, Vergangenheit und Zukunft und können daher auch zukünftige Ereignisse nicht in ihrer Vorstellung vorwegnehmen. Auch für sie gilt: Sie leben immer in der reinen, reflexiv nicht gebrochenen Gegenwart.

Den Gedanken menschlicher Verspätung formuliert auch die *Sechste Elegie*. Auch in ihr kommt das Strukturprinzip der gegenbildlichen Darstellung zum Tragen, jedoch in einer erweiterten Variante. Als Gegenbild des gewöhnlichen Menschen fungieren dort nämlich neben einem Vertreter aus dem Bereich der kreatürlichen Existenz („Feigenbaum" – VI, 1) auch die beiden menschlichen Ausnahmeerscheinungen des „Helden" sowie der „frühe Hinüberbestimmten" (15). Wie in der *Vierten* wird auch in der *Sechsten Elegie* die Thematik der verschiedenen Lebensstadien („Blühn und verdorrn") im Rahmen der Kategorie des Zeitlichen (des 'Zeitigseins' – vgl. 3) verhandelt.[59]

---

[59] Im Fall des Feigenbaums meint das Adjektiv „zeitig" mehr als die bloße 'Rechtzeitigkeit' (instinktbedingte Pünktlichkeit), die ohnehin als Signum alles Kreatürlichen zu gelten hat; es darf – vor allem vor dem Hintergrund des Vergleichs mit dem „Helden" und den „frühe Hinüberbestimmten" – auch als

8. Zyklisches

Der „Feigenbaum" nimmt in den Augen des lyrischen Ich „lange schon" einen hohen symbolischen Stellenwert ein, weil er „die Blüte beinah ganz [überschlägt] / und hinein in die zeitig entschlossene Frucht [... s]ein reines Geheimnis [drängt]" (1-4). „Wir aber verweilen", zwar „rühmt es [uns] zu blühn", aber im Gegensatz zum Feigenbaum gehen wir „ins verspätete Innre / unserer endlichen Frucht [...] verraten hinein" (8-10).[60] Der Feigenbaum, den der „Andrang des Handelns" (11) kennzeichnet, erstrebt mit aller Macht die Erfüllung seines pflanzlichen Daseins in der Frucht. Die „endliche Frucht" des Menschen ist das, was auf seine Blüte, also auf seine Jugend- und Reifejahre folgt: das Alter und in letzter Konsequenz der Tod. So gesehen erscheint es psychologisch durchaus plausibel, wenn der gewöhnliche Mensch gerne im Stadium der Blüte verweilen möchte. Der Held, dessen Nähe zu den „jugendlich Toten" (20) die Elegie hervorhebt, bildet hierin die Ausnahme, denn genauso wie diese „[ficht] Dauern / ihn nicht an" (20f.), der Erfüllungsgrad seines (wie ihres) Lebens bemisst sich nicht nach dessen Länge, sondern primär nach dessen Intensität, die in seinem heroischen Handlungsdrang zum Ausdruck kommt.

8.1.2 Held und Künstler

Im Aspekt der Daseinsintensität münden die *Sechste* und die *Vierte Elegie* zusammen und zeigen dem Menschen (als Helden wie als Künstler) die ihm durchaus offen stehenden Möglichkeiten zur Überwindung seines Ausgeschlossenseins aus den zyklischen Abläufen der Natur an, das durch unsere Verspätung bzw. unsere 'Unzeitigkeit' wesentlich bedingt ist. In der *Vierten Elegie* ist es das bis zur äußersten Intensität gesteigerte „Schauen" des Ich, das dadurch – im Bild gesprochen – zu einem solchen Gewicht anwächst, dass,

> um mein Schauen / am Ende aufzuwiegen, dort als Spieler / ein Engel hinmuß. [...] Engel und Puppe: dann ist endlich Schauspiel. / Dann kommt zusammen, was wir immerfort / entzwein, indem wir da sind. Dann entsteht / aus unsern Jahreszeiten erst der Umkreis / des ganzen Wandelns. (IV, 54-61)

In der außerordentlichen Konzentration des Künstler-Ich auf die künstlerische Verwirklichung, wie sie das innerlich erlebte Schauspiel verkörpert, bringt es nicht nur die antagonistischen menschlichen Seinskonstituenten (Geistigkeit und Leiblichkeit) zu einer harmonischen und produktiven Synthese zusammen, sondern verhilft

---

„frühzeitig" oder „vorzeitig" gelesen werden, was dem Kontrast zur menschlichen Verspätung keinen Abbruch tut, ihn sogar noch verschärft.

[60] Zur genauen Deutung dieser Passage vgl. etwa GUARDINI, S. 225-233.

II. Strukturkonstituenten

seiner gesamten, bis dato wesentlich gespaltenen Existenz zu einer zuvor nicht erlebten noch erlebbaren zyklischen Geschlossenheit. Was der Mensch bislang nur als einzelne und gleichfalls antagonistisch zueinander stehende Jahreszeiten wahrnehmen konnte – als „Blühn" *versus* „verdorrn", als jugendliche Fülle *versus* Alterungsprozess, als Leben *versus* Tod –, kann im künstlerischen Akt in eine Einheit höherer Ordnung, in den „Umkreis des ganzen Wandelns" überführt werden. Die Verständigung mit dem „Schicksal" (vgl. VI, 24f.), die dem Helden aufgrund seines besonderen Charakters ohnehin gegeben ist und die ihn den Tod nicht als Gegenspieler des Lebens, sondern als Moment der Erfüllung seines heldischen Lebens[61] ansehen lässt, ist dem Künstler im glücklichen Augenblick künstlerischen Schaffens erfahrbar. Ihm gelingt es damit – über den Umweg der entschieden reflexiven artistischen Gestaltung der Einheit von Leben und Tod –, das kreatürliche Einigsein dem menschlichen Bewusstsein kommensurabel zu machen.

8.2 'Daseinsfiguren' in den *Duineser Elegien*

Das wohl prominenteste Beispiel einer solchen sprachästhetischen Figur ist das am 31. 7. 1907 entstandene Gedicht *Der Ball*[62], das zur Illustrierung der sie charakterisierenden Strukturprinzipien in Gänze zitiert werden soll:

> Du Runder, der das Warme aus zwei Händen / im Fliegen, oben, fortgiebt, sorglos wie / sein Eigenes; was in den Gegenständen / nicht bleiben kann, zu unbeschwert für sie, //
>
> zu wenig Ding und doch noch Ding genug, / um nicht aus allem draußen Aufgereihten / unsichtbar plötzlich in uns einzugleiten: / das glitt in dich, du zwischen Fall und Flug //

---

[61] Nach meinem Kenntnisstand ist David Midgley bisher der einzige *Elegien*-Interpret, der auf Rilkes unkritische Behandlung der Helden-Figur vor dem Hintergrund des erst wenige Jahre zurückliegenden Ersten Weltkriegs hinweist. – Vgl. MIDGLEY, David: *Elegy Six*. In: PAULIN, Roger and HUTCHINSON, Peter (HG.): *Rilkes Duino Elegies*. London 1996. S. 105: „It was one thing in the world of classical antiquity to interpret a life in terms of the death that ended it, and to say of one who died young that 'the gods loved him that they took him early'. [...] But by the time Rilke was completing his Elegies, the great human catastrophe of mechanised warfare had made a nonsense of any notion of a 'hero's death' as the fulfilment of any personal destiny. We might find it puzzling that when Rilke returned to the composition of the *Duino Elegies* in 1922, he made no attempt to incorporate any references to the impact of the First World War."

[62] RILKE: *Werke*. Bd. 1. S. 583f.

8. Zyklisches

noch Unentschlossener: der, wenn er steigt, / als hätte er ihn mit hinaufgehoben, / den Wurf entführt und freiläßt -, und sich neigt / und einhält und den Spielenden von oben / auf einmal eine neue Stelle zeigt, / sie ordnend wie zu einer Tanzfigur, //

um dann, erwartet und erwünscht von allen, / rasch, einfach, kunstlos, ganz Natur, / dem Becher hoher Hände zuzufallen.

Von Rilke selbst einmal als „mein bestes Gedicht"[63] bezeichnet, gestaltet *Der Ball* in programmatischer Manier die „Tanzfigur", die das komplementäre Steigen und Fallen des in die Höhe geworfenen Balles beschreibt. Am Ende der aufsteigenden Bewegung verharrt der Ball „zwischen Fall und Flug"; dieser Augenblick des scheinbaren Schwebens in einem Zustand vollkommener Balance markiert gleichzeitig den plötzlich eintretenden 'Umschlagpunkt', d.h. die Umkehrung der Aufwärts- in eine Abwärtsbewegung, welche den Kreis der dynamischen Bewegungsfigur schließt.

Vor dem thematisch-motivischen Hintergrund der *Duineser Elegien* bedeuten solche in sich geschlossenen sprachästhetischen Figuren die strukturelle Versinnbildlichung der weltanschaulich-poetologischen Grundpositionen der *Elegien*, wie z.B. der Einheit von Leben und Tod oder der Komplementarität vom äußerlichen Schwinden der Dinge und ihrer innerlichen Rekonstruktion (vgl. VII, 62). Weil sie im Kontext der *Elegien* zumeist auf Aspekte des Daseins (sei es das des Menschen, der Engel oder auch der Dinge) verweisen, kann man jene zyklisch-geschlossenen, dynamischen Sprachgebilde als 'Daseinsfiguren' bezeichnen, nicht zuletzt deshalb, um sie terminologisch von den 'Figuren' der mittleren Werkphase abzugrenzen.

8.2.1 Der Engel als Spiegel der eigenen Schönheit

Die *Zweite Elegie* gestaltet eine solche in sich abgeschlossene Daseinsfigur im Rahmen der in ihr geführten Vergänglichkeitsdiskussion. Dabei wird in der bekannten Manier des gegenbildlichen Vergleichs die Vergänglichkeit der (insbesondere emotional aufzufassenden) menschlichen Existenz als eines irreversiblen Prozesses mit der Reversibilität desselben Prozesses beim Engel kontrastiert. Am Ende der durch ihre hypertrophe Metaphorik gekennzeichneten zweiten Strophe werden die „einzelnen" Engel als „*Spiegel*" bezeichnet, die aufgrund dieser Eigenschaft in der Lage sind, „die entströmte eigene Schönheit / wieder[zu]schöpfen zurück in das eigene

---

[63] Elisabeth von SCHMIDT-PAULI: *Rainer Maria Rilke. Ein Gedenkbuch*. Lorch/Stuttgart ²1946, S. 20. – Zitiert nach RILKE: *Werke*. Bd. 1. S. 1002 (Kommentar ENGEL).

Antlitz" (II, 15-17). Zwar ist damit auch ihre Schönheit keineswegs immun gegen die Erosionskräfte der Vergänglichkeit, die dem Menschen in der *Ersten Elegie* als „Wind voller Weltraum [...] am Angesicht zehr[en]" (I, 18f.), das bedeutet: Auch die Schönheit der Engel ist nicht als ein statisches und per se stabiles Phänomen anzusehen, doch im Unterschied zum Menschen verfügen sie in sich selbst über ein Instrument, das die Fluchtbewegung der entströmten Schönheit mit einer ihr diametral entgegengesetzten Rückholbewegung parieren und in den Zustand eines dynamischen Gleichgewichts überführen kann. Beim Menschen dagegen ist der Vergänglichkeitsprozess ein einfach gerichteter, „denn wir, wo wir fühlen, verflüchtigen; ach wir / atmen uns aus und dahin" (II, 18f.).

8.2.2 Das Schlussgleichnis der *Zehnten Elegie*. Die Komplementarität von *Steigen* und *Fallen*

> Aber erweckten sie uns, die unendlich Toten, ein Gleichnis, / siehe, sie zeigten vielleicht auf die Kätzchen der leeren / Hasel, die hängenden, oder / meinten den Regen, der fällt auf dunkles Erdreich im Frühjahr. – //
>
> Und wir, die an *steigendes* Glück / denken, empfänden die Rührung, / die uns beinah bestürzt, / wenn ein Glückliches *fällt.* (X, 106-113)

Ebenfalls mit der Vergänglichkeitsthematik beschäftigt, stellt das Schlussgleichnis der *Zehnten Elegie* vielleicht das eindrucksvollste Beispiel einer Daseinsfigur dar; in ihm wird die Vergänglichkeit jedoch weniger unter ästhetischen als vielmehr unter existenziellen Vorzeichen verhandelt. Strukturell stimmt das Gleichnis haargenau mit dem oben zitierten Gedicht *Der Ball* überein, beide sind wesentlich von den Komplementärbewegungen von Steigen und Fallen geprägt. Während die ästhetische Intention im Fall des Dinggedichts aber darauf abzielt, die konkrete Bewegung eines konkreten Gegenstands sprachlich-mimetisch nachzubilden, sich also an dem von Cézanne postulierten Kunstimperativ des „sachlichen Sagens"[64] orientiert, verdanken die Schlussverse der *Zehnten Elegie* ihre Wirkung primär ihrer starken Symbolik.

Struktur und Sinn des Gleichnisses lassen sich in etwa wie folgt beschreiben: Die erste Kodastrophe ist von einem deiktischen Gestus gekennzeichnet, demselben, den auch das lyrische Ich der *Siebenten* und *Neunten Elegie* gegenüber dem Engel anwendet. Die „unendlich Toten", jene, die nach Guardini „den ganzen Weg zurückge-

---

[64] Vgl. ebd. Bd. 4. S. 624 (*Briefe über Cézanne*).

8. Zyklisches

legt haben [und ...] den letzten Sinn des Daseins [besitzen]"[65], wenden sich zeigend an „uns" Lebende, um uns ein „Gleichnis" zu vermitteln. Sie deuten auf zwei Gegenstände bzw. Sachverhalte hin, die auf den ersten Blick lediglich durch den strukturellen Aspekt der Abwärtsbewegung verbunden erscheinen. Sowohl der fallende Frühjahrsregen als auch die hängenden Kätzchen des noch unbelaubten und darum leeren Haselstrauchs beschreiben beide – konkret bzw. sinnbildlich – jene Abwärtsbewegung, die ihrerseits auf den Berührungspunkt zwischen beiden verweist: das zum Verständnis des Gleichnisses wesentliche „dunkle Erdreich". Das fruchtbare Erdreich markiert nämlich im Gleichnis den in Rilkes Figuren ansonsten abstrakten, zumeist über Zeitadverbien gekennzeichneten Punkt des Umschlags (hier von der Abwärts- in die Aufwärtsbewegung). Sowohl der Regen als auch das dunkle Erdreich, der Humus, der sich aus verwesendem, d.h. totem organischem Material bildet, sind notwendig, um im Frühjahr neues Wachstum, neues Leben – wie es durch die Haselkätzchen verkörpert wird – zu ermöglichen. Und pflanzliches Wachstum bedeutet im Gleichniskontext denn auch nichts anderes als die dem Fallen entgegengesetzte komplementäre Bewegung des Steigens.

Die zweite Kodastrophe überträgt den Gedanken eines in sich geschlossenen organischen Zyklus, dessen Dynamik essenziell vom Vorhandensein von Leben und Tod, Werden und Vergehen, vom stetigen Wechsel dieser beiden antagonistischen Prinzipien abhängig ist, auf den Bereich des Menschen, dem sich „Glück" in seiner eindimensionalen Wahrnehmung lediglich als eine Bewegung des „Steigens" darstellen kann und dem die umgekehrte Bewegung des „Fallens" folglich immer dessen Gegenteil – und eben nicht dessen notwendige Voraussetzung oder Ergänzung – bedeutet.

8.2.3 Vom Schreien zum Erhörtwerden

In der selben strukturellen Bahn wie das Schlussgleichnis der *Zehnten Elegie* bewegt sich auch die folgende Daseinsfigur. Sie stellt neben der grundsätzlich visuell vermittelten Spiegelfigur und dem einerseits symbolisch-bildintentiv, andererseits gedankenlogisch vermittelten Gleichnis eine weitere, nämlich akustische Erscheinungsform einer Figur dar. Allerdings verweist sie in ihrer akustischen Qualität weniger auf die zyklische Geschlossenheit des Daseins an sich als auf die Möglichkeit einer vollendeten, in sich geschlossenen Dichtung. Während in der *Ersten Elegie* das lyrische Ich nicht darauf hoffen durfte, dass sein (bloß erwogener, de facto aber gar nicht ar-

---

[65] Guardini, S. 412.

tikulierter) Schrei in Richtung der Engel (d.h. bildlich gesprochen 'aufwärts') Gehör finden werde, entwirft die *Zehnte Elegie* im optativischen Modus ein Szenario, in dem sich diese Hoffnung immerhin als erfüllbar erweisen könnte: „Daß ich dereinst, an dem Ausgang der grimmigen Einsicht, / Jubel und Ruhm aufsinge zustimmenden Engeln" (X, 1f.). Der Aufwärtsbewegung des „Aufsingens" entspräche die komplementäre Abwärtsbewegung der „Zustimmung". Auf diese Weise erhielte die Dichtung, als deren primäre Aufgabe die Transformation der sichtbaren irdischen Dinge bzw. die Konservierung des menschlichen Gefühls im poetischen Wort anzusehen ist, ihre überzeitliche metaphysische Legitimation wie auch ihre ästhetische Anerkennung, welche beide in der zustimmenden Sprachgeste seitens der Engel enthalten wären.

8.3 'Daseins-Standbilder'

Gegenüber den Daseinsfiguren, die als in sich zyklisch geschlossene, dynamische Bewegungsfiguren definiert wurden, liegen die Hauptcharakteristika der von mir so genannten 'Daseins-Standbilder' wesentlich in ihrer Statik, d.h. in ihrer relativen Resistenz gegenüber den Erosionskräften der Zeitlichkeit; darüber hinaus versinnbildlichen sie Zustände harmonischen Gleichgewichts.

8.3.1 Architektonische Zeugnisse des Stehens

Der ersten Gruppe sind beispielsweise die in der *Siebenten Elegie* angesprochenen, menschliches Transzendenzstreben verkörpernden Kultur-Dinge („Säulen, Pylone, der Sphinx, das strebende Stemmen [...] des Doms" – VII, 73f.) zuzuordnen. Diese menschengemachten Dinge haben es in der Vergangenheit vermocht, „mitten im Schicksal [...], im vernichtenden" (68) zu überdauern und anders als ihr Erbauer, der Mensch, der Erosion standzuhalten.[66] Der Umstand, dass das lyrische Ich von ihnen in seiner Gegenwart nicht mehr sagen kann: 'Dies *steht* heute noch unter Menschen', resultiert nicht, wie man vermuten möchte, aus ihrer etwaigen physischen Vernichtung, sondern überwiegend aus dem geistig-moralischen Verfall bei den 'heutigen' Menschen, „denen das Frühere nicht und noch nicht das Nächste gehört" (64), jenen „Enterbten" der Geschichte (65). In ihrem transzendenten Glanz waren jene architektonischen Monumente gleichsam in der Lage, „Sterne aus gesicherten Himmeln [zu biegen]" (69f.) und übertrafen damit als irdische Artefakte – im Bild gesprochen – sogar die Sterne an Faszination und Anziehungskraft.

---

[66] Zum Begriff des „Stehens" in der *Fünften Elegie* vgl. ABBOTT, Scott: „Des Dastehns großer Anfangsbuchstab". Standing and Being in Rilke's Fifth Elegy. In: *German Quaterly 60* (1987). S. 432-446.

8. Zyklisches

8.3.2 Der Sphinx. Ein menschliches Antlitz auf der 'Waage der Sterne'

Auf den Sphinx als ein solches Monument des Stehens geht die *Zehnte Elegie* noch einmal isoliert ein, jedoch steht hier der zweite der oben angeführten Aspekte, seine Balanceleistung, eindeutig im Mittelpunkt der Darstellung. Der Sphinx vermag mit seinem menschengemachten und vor allem *menschlichen* „Antlitz" (X, 77) „für immer, / schweigend, der Menschen Gesicht / auf die Waage der Sterne [zu legen]" (87-89) und somit – in umgekehrter Bildstruktur – das sozusagen metaphysisch-überweltliche Gewicht, welches die Sterne auf die Waagschale bringen, mit dem Gewicht seines irdischmenschlichen Antlitzes aufzuwiegen und dauerhaft in Balance zu halten. Damit gelingt dem Menschen, vermittelt über das von ihm hervorgebrachte Kultur-Ding, indirekt das, was ihm aufgrund seiner biologischen Natur versagt bleiben muss: ein überzeitliches Dasein der menschlichen Gestalt zu erreichen, das dem hohen Seinsbegriff der *Elegien* zu entsprechen vermag. Von daher wird die enorme Bedeutung, die das lyrische Ich den Dingen beimisst, nochmals plausibler, denn mit ihrem Schwund würden auch jene Manifestationen des transzendenten und spirituellen menschlichen Daseins untergehen.

8.3.3 Scheiternde menschliche 'Daseins-Standbilder'

Die *Fünfte Elegie* führt anhand dreier Beispiele die unterschiedlich erfolgreichen Versuche vor, als Artist solche Stand- oder Gleichgewichtsbilder zu schaffen. – In der Hektik ihrer artistischen Darbietungen, im Unterworfensein unter jenen „*wem, wem* zu Liebe / niemals zufriedene[n] Wille[n]" (V, 3f.) bleibt den *Saltimbanques* gar nicht die Zeit, ihre 'Stehversuche' über das Stadium bloßer Andeutung hinaus („des Dastehns / große[n] Anfangsbuchstab[en]" – 13f.) auszuweiten; die Elegie nennt die Artisten in Abgrenzung von den 'Durchschnittsmenschen' daher auch folgerichtig „diese ein wenig / Flüchtigern noch als wir selbst" (1f.).

Als ebenso kurzlebig erweist sich auch die Menschenpyramide, der „Baum der gemeinsam erbauten Bewegung (der, rascher als Wasser, in wenig / Minuten Lenz, Sommer und Herbst hat)" (42-44); sie bringt es lediglich zu einem kurzen, flüchtigen Gleichgewichtszustand und ist so instabil, dass sie bald wieder in sich zusammenfällt. Verstärkt wird der Eindruck gesteigerter Vergänglichkeit, den die Artisten auf das lyrische Ich machen, noch durch einen auf den

Knaben[67], welcher die Spitze der Pyramide bildet, bezogenen Vergleich. Im Rahmen der durchgängigen Baum-Metaphorik erscheint der Knabe hier als 'unreife Frucht' (vgl. 41), die vom Baum „täglich hundertmal abfällt [...] und anprallt ans Grab" (42-45).

8.3.4 Die Liebenden der *Fünften Elegie*

Allein im Tod und allein als Liebenden, „die's hier [d.h. zu Lebzeiten] / bis zum Können nie bringen" (96f.), ist es nach der Logik der *Duineser Elegien* dem Menschen vergönnt, den dauerhaften Zustand eines zugleich in sich ruhenden und doch dynamisch-bewegten harmonischen Gleichgewichts zu verwirklichen. Dieser verkörpert im Unterschied zur Statik der steinernen architektonischen Monumente, die in ihrer Festigkeit letztlich doch auch starr und gleichsam leblos wirken, das besondere, in sich gespaltene, aber zugleich dank der Gabe seiner Emotionalität einzigartige Dasein des Menschen:

> Engel!: Es wäre ein Platz, den wir nicht wissen, und dorten [...] zeigten die Liebenden [...] ihre kühnen / hohen Figuren des Herzschwungs, ihre Türme aus Lust, ihre / längst, wo Boden nie war, nur an einander / lehnenden Leitern, bebend, – und *könntens*. (95-101)

---

[67] Dass es sich vermutlich um einen Knaben handelt, dürfen wir aus der bildlichen Quelle der *Fünften Elegie*, Picassos Gemälde *La famille des saltimbanques* (1905), schließen, zu dessen Kauf Rilke die befreundete Kunstsammlerin Hertha Koenig anregte. Rilke selbst bekam die Gelegenheit, während ihrer Abwesenheit ihre Münchner Wohnung zu nutzen, wo er neben den *Saltimbanques* noch zwei weitere Gemälde Picassos studieren konnte (*Der Blinde* sowie *Der Sterbende Pierrot*).

9. Kommunikative Strategien

9.1 Allgemeines

Einer der Topoi der älteren Rilke-Forschung bestand darin, in der Folge der zehn *Duineser Elegien* so etwas wie den Weg von der 'Klage' zur 'Rühmung' zu sehen, einer Rühmung, zu der sich der Dichter im zehnjährigen, an inneren Rückschlägen und äußeren Hindernissen reichen Entstehungsprozess selbst erst gewissermaßen durchringen musste.[68] Auf diese Weise entstand der Mythos vom existenzialistischen (oder wahlweise religiösen) Dichter, der angesichts eines omnipräsenten Untergangsszenarios schlussendlich dennoch in der Lage war, jene „Preisung" des Irdischen in einem heroisch-affirmativen Sprachgestus zu leisten. Dieses hochgradig verklärte – und verzerrte – Bild (sowohl des Dichters Rilke als auch seines lyrischen Hauptwerks) blieb über mehrere Jahrzehnte hinweg nahezu unangefochten. Erst den Bemühungen Manfred Engels[69] ist es zu verdanken, dass an die Stelle jener Rilke-Mythifikationen eine sachlichere Auseinandersetzung mit Rilkes *Elegien*-Dichtung treten konnte, die sich von der unbestreitbaren Faszination ihrer Themen frei machen und ihre Aufmerksamkeit in stärkerem Maß auf die bislang sträflich vernachlässigten formalästhetischen Aspekte richten konnte. Die Frage nach der Art der sprachlichen Vermittlung der *Duineser Elegien*, d.h. nach den in ihnen zur Geltung kommenden kommunikativen Mechanismen und argumentativen Strategien, ist ein Aspekt, dessen genaue Analyse viel zum Verständnis der *Elegien* beitragen kann.

---

[68] In der Tat ist der zehnjährige Entstehungsprozess der *Elegien* mit einem 'Ringen' vergleichbar, allerdings weniger mit einem um die schließlich zu erreichende Rühmung des Daseins, als vielmehr mit einem Ringen um die Fertigstellung des Zyklus als solchem. Vor allem der Erste Weltkrieg (1914-1918), in dessen Verlauf Rilke 1916 selbst zum Militärdienst eingezogen wurde (Grundausbildung in Wien, danach von Ende Januar bis Mitte Juli Dienst im Kriegsarchiv), wirkte sich ungünstig auf die Elegienproduktion aus. Die Unruhen der Novemberrevolution, die er in München hautnah miterlebte – wegen seiner Kontakte zu Kurt Eisner und Ernst Toller kam es zu zwei Durchsuchungen seiner Wohnung – sowie der Umstand, dass Rilke Deutschland nicht verlassen konnte, taten ein Übriges. Ferner gestaltete sich die Suche nach einem angemessenen '*Elegien*-Ort', einem Ort, der (wie das Schloss Duino bei Triest in der ersten *Elegien*-Phase) alle Voraussetzungen für eine ungestörte literarische Arbeit bot, als bei weitem schwieriger als erwartet. Nach mehreren Anläufen fand sich dieser ungestörte Ort schließlich im Juni 1921 mit dem Schlossturm von Muzot im schweizerischen Kanton Wallis.

[69] Vgl. ENGEL: Rilkes 'Duineser Elegien'. S. 121.

II. Strukturkonstituenten

Die *Duineser Elegien* sind beileibe kein in sich ausgewogenes, konsistentes Sprachgebilde, sie entstanden bekanntermaßen nicht aus einem Guss. Ihre Entstehungsgeschichte erstreckt sich über ein ganzes Jahrzehnt (1912-1922), Phasen der Produktivität und solche der Stagnation lösten einander immer wieder ab. Im Verlauf dieser Jahre entstanden eine ganze Reihe von Gedichten und Gedichtfragmenten, die konzeptuell und thematisch den *Elegien* als verwandt beigeordnet werden müssen, jedoch auch einige Texte und Fragmente, die ursprünglich zum Zyklus gehören sollten, aber letztlich wieder ausgeschieden wurden.[70] Rilke selbst stellte für den Fall, dass das *Elegien*-Projekt unabgeschlossen bliebe, im November 1918 ein Textkonvolut zusammen, das als letztwillige Fassung gelten sollte. Dieses sandte er, als *Anfänge und Fragmente aus dem Umkreis der Elegien* betitelt, zusammen mit einer Abschrift der bis dato entstandenen vollständigen Elegien seinem Verleger Anton Kippenberg.[71]

Die *Duineser Elegien* waren während der Zeit ihrer Entstehung mehr ein offenes literarisches Projekt als ein klar abgrenzbares geschlossenes Werk; und wenn wir sie heute als Werkeinheit lesen, sollten wir uns dies immer vor Augen führen. Denn allem Gestaltungswillen Rilkes zum Trotz lassen sich auch an der letztgültigen Fassung noch genügend Brüche und Verwerfungen erahnen sowie logische Ungereimtheiten und konzeptionelle Inkonsistenzen nachweisen. Bisher war jedoch offenbar das Bedürfnis nach homogenen und in sich widerspruchsfreien geschlossenen Werkeinheiten (sowie das Bedürfnis nach ebensolchen Interpretationen) stärker als die Bereitschaft zu ihrer dekonstruktiven Analyse.

Dieses Kapitel widmet sich nicht solchen Brüchen oder 'Fehlern', die Rilke unbeabsichtigt unterlaufen sind oder die er nur ungenügend zu kitten vermochte, sondern einem damit teils direkt, teils indirekt zusammenhängenden, jedoch höchst absichtsvollen Phänomen, das man als Verschleierungs- oder Suggestionsstrategie bezeichnen könnte. Mit der Anwendung solcher Strategien, d.h. mittels diverser rhetorischer und kommunikativer Kunstgriffe, gelingt es Rilke nicht bloß, konzeptionelle Schwächen zu überspielen oder

---

[70] Die so genannten *Gegen-Strophen* sind wohl als prominentestes Beispiel zu nennen.

[71] Die komplette Liste dieser Texte wie auch eine als *Fragmentarisches* betitelte Zusammenstellung einzelner Gedichthandschriften, die Rilke im Februar 1922 für eine etwaige Fortsetzung der *Elegien* vornahm, ist in der 'Kommentierten Ausgabe' abgedruckt; vgl. RILKE: Werke. Bd. 2. S. 610f.

9. Kommunikative Strategien

dem poetischen „Weltmodell"[72], das die *Elegien* vorstellen, einen homogenen Anstrich zu geben, sondern auch, den ideellen Gehalt der *Elegien* gleichsam in die Schwebe zu bringen. Auf diese Weise erreicht er zweierlei: Er eröffnet den Interpreten einerseits eine Vielzahl divergierender Deutungsmöglichkeiten und sichert die *Elegien* gleichzeitig gegen allzu einseitige Auslegungen ab. Rilkes kommunikative Mittel aufzuzeigen und deren komplexe Wirkungsweisen zu erhellen, dienen die folgenden Überlegungen.

9.2 Pronomina-Verwendung und monologischer Charakter

Agent der sprachlichen Vermittlung der *Duineser Elegien* ist ein lyrisches Ich, das mit Ausnahme der *Achten* und zum Teil auch der *Dritten Elegie* immer explizit benannt ist. Teilweise wechselt es, wohl um seinen Aussagen größere Allgemeingültigkeit zu verleihen, vom persönlichen 'Ich' der ersten Person Singular ins allgemeinere 'Wir' der ersten Person Plural. Dieser relativ konventionellen Praxis steht, was die Verwendung der Personalpronomina angeht, ein in sehr viel stärkerem Maß irritierender Zug gegenüber: das Changieren zwischen erster und zweiter Person Singular, zwischen 'Ich' und 'Du'. Dieses besonders gut an der *Ersten Elegie* zu beobachtende Verfahren bewirkt beim Leser zunächst einmal eine gewisse Verwirrung, da zunächst unklar ist, wer sich hinter dem angesprochenen Du verbirgt. Der Du-Adressat erweist sich jedoch schließlich nicht als ein tatsächlicher Gesprächspartner, sondern lediglich als eine weitere Rolle des Ich, die es aus rhetorischen Gründen einnimmt. Während das Wir den Äußerungen einen Charakter von Allgemeingültigkeit verleiht, gewinnen die an das Du gerichteten Worte einen weitaus intimeren und eindringlicheren Charakter.

Die *Erste Elegie* erweckt zunächst den Eindruck des Dialogischen, ohne jedoch dem angesprochenen Dialogpartner je das Wort zu lassen. Von sämtlichen weiteren Adressaten des lyrischen Ich (Engel, die Liebenden, Mutter, Mädchen als 'künftige Geliebte', Mädchen aus schwächlichen Gräbern, etc.) erhält ebenfalls kein einziger die Gelegenheit zur Gegenrede. Am eindrucksvollsten lässt sich der zutiefst monologische Charakter, den die *Elegien* bei genauerer Lektüre enthüllen, am Beispiel des Scheindialogs des lyrischen Ich mit den Liebenden in der *Zweiten Elegie* aufzeigen. In der fünften Strophe (II, 44-65) gibt das lyrische Ich vor, die Liebenden „nach uns" (45), d.h. in diesem Fall: nach dem ontologischen Problem des menschlichen

---

[72] Vgl. ENGEL, Manfred: Rainer Maria Rilkes 'Duineser Elegien' und die moderne deutsche Lyrik. Zwischen Jahrhundertwende und Avantgarde. Stuttgart 1986.

II. Strukturkonstituenten

Daseins zu befragen. Ohne aber deren Antwort abzuwarten, setzt es zu einer längeren Reflexion über die Mittel und Möglichkeiten an, „Beweise" (ebd.) für das Dasein zu erbringen. Nach der neuerlichen Frage an die Liebenden („euch frag ich nach uns" – 55), geht es im selben Reflexionsstil weiter.

Aufgrund des Fehlens eines echten Dialogpartners handelt es sich bei den *Duineser Elegien* im Grunde um einen einzigen langen lyrischen Monolog, ein Selbstgespräch, das ein sich in verschiedene Sprecher-Rollen aufspaltendes lyrisches Ich mit sich unterhält. Sein Ziel ist dabei die Klärung wesentlicher existenzieller, vor allem aber kunst- und kulturspezifischer Fragen (vor allem in der *Siebenten Elegie*) sowie die Erprobung der eigenen Standpunkte. Rilke verleiht durch diesen Schachzug seiner Lyrik ein enormes dramatisches Potenzial und bewahrt sie so vor einem Abgleiten ins lehrgedichthafte Räsonnieren.

9.3 Konjunktivisches Sprechen

Von ihrer ersten Textzeile an weisen die *Duineser Elegien* eine Tendenz zum konjunktivischen oder hypothetischen Sprechen auf. Im Unterschied zum Indikativ (dem Modus einfacher Aussagesätze) drückt der Sprachmodus des Konjunktivs zumeist „eine Relativierung des durch die Proposition des betreffenden Satzes zum Ausdruck gebrachten Sachverhaltes aus"[73], d.h.: Der angesprochene Sachverhalt wird nicht als ein in der Realität so gegebener, sondern lediglich als ein möglicher, aber bislang (noch) nicht realisierter und damit irrealer aufgefasst. Über die Verwirklichbarkeit eines solchen Sachverhaltes ist damit noch keine Aussage getroffen, sie hängt von weiteren, kontextbezogenen Parametern ab.

9.3.1 Die *Erste Elegie*

Im Fall der Eingangsverse der *Ersten Elegie* bedeutet die zweifache Verwendung des Konjunktivs, dass wir als Interpreten im Prinzip nur dazu berechtigt sind, den Schrei des Ich in Richtung der „Engel Ordnungen" (I, 1f.) als bloßen Hinweis auf die Möglichkeit eines solchen Schreis, nicht aber als einen bereits artikulierten, also verwirklichten Schrei zu behandeln: „Wer, wenn ich schriee, hörte mich denn aus der Engel Ordnungen?"[74] – Dass sich insbesondere die frühe Rilke-Forschung diese Genauigkeit nicht zu eigen gemacht hat, ist offenkundig. Wir erfahren also an dieser frühen Stelle des

---

[73] GLÜCK, Helmut (Hg.): *Metzler-Lexikon Sprache*. Stuttgart und Weimar 1993. S. 325.

[74] Hervorhebungen von mir.

9. Kommunikative Strategien

Zyklus nicht, ob das Ich jemals seinen Schrei äußern wird bzw. ob dieser tatsächlich, wie das Ich vermutet, unerhört bliebe, und auch nicht, ob eine Annäherung zwischen Engel und Mensch zwangsläufig für letzteren tatsächlich jene zerstörerischen Folgen haben müsste.

9.3.2 Die *Siebente Elegie*

Von ebenso hypothetischem Charakter sind auch die ersten vier Strophen der *Siebenten Elegie*, die gleichfalls über die Möglichkeit eines solchen werbenden Schreis (vgl. VII, 1-3) reflektieren. Nicht, dass das Ich tatsächlich „rein wie der Vogel [geschrieen habe], / wenn ihn die Jahreszeit aufhebt, die steigende" (2f.), besagen diese Verse, sondern lediglich, was zu erwarten wäre, wenn ein derartiger Schrei erfolgte. In diesem Fall „so / würbest du wohl, nicht minder [als der Vogel] –, dass, noch unsichtbar, / dich die Freundin erführ" (5-7). In diesem hypothetischen Wenn-dann-Stil geht es weiter. Im Fall des geäußerten Schreis „[begriffe] der Frühling –, da ist keine Stelle, / die nicht trüge den Ton der Verkündigung" (10f.); oder: „Siehe, da rief[e] ich die Liebende. Aber nicht *sie* nur / käme ... Es kämen aus schwächlichen Gräbern / Mädchen" (30-32). Das Ich hat in der *Siebenten Elegie* also weder wie ein Vogel geschrieen noch hat die unsichtbare Freundin davon Notiz genommen noch sind jene Mädchen tatsächlich ihren Gräbern entstiegen; all das sind hypothetische Erwägungen, sie handeln von bloßen Möglichkeiten und nicht von Tatsachen.

9.3.3 Die *Achte Elegie*

Eine weitere Hypothese dieser Art entwirft auch die zweite Strophe der *Achten Elegie*, allerdings mit dem gewichtigen Unterschied, dass sie selbst sich als solche entlarvt und dem hypothetischen Bild das der faktischen Wirklichkeit (d.h. dem Bild der Wirklichkeit, das uns die Elegie zeichnet) entgegengesetzt: „Wäre Bewußtheit unserer Art in dem / sichern Tier, [... dann] riß es uns herum / mit seinem Wandel. Doch sein Sein ist ihm / unendlich, ungefaßt und ohne Blick / auf seinen Zustand" (VIII, 35-40), daher kann es uns gar nicht als Gegenstand wahrnehmen und uns folglich auch nicht herumreißen. Aus der hypothetischen Begegnung zwischen Mensch und Tier wären demnach keinerlei Konsequenzen für den Menschen zu erwarten.

9.3.4 Konsiderative Konjunktionen

Unterstützt wird die hypothetische Wirkung des Konjunktivs zusätzlich durch eine Vielzahl konsiderativer Konjunktionen wie

II. Strukturkonstituenten

'wohl' oder 'vielleicht', die den erwägenden Charakter der betreffenden Passagen noch intensivieren. So versetzt die Verwendung solcher Konjunktionen den Sprecher in die Lage, verschiedene Szenarien gedanklich zu erproben, d.h. sie in der Vorstellung vorwegzunehmen. Obwohl solche Szenarien ganz im Bereich des bloß Möglichen verbleiben, laden sie doch allein durch die eindrückliche Bildkraft der Rilkeschen Dichtungssprache mnemotechnisch dazu ein, sie im Gedächtnis als (Quasi-)Realitäten zu verbuchen. Drei Beispiele mögen als Beleg genügen:

> „Wenigen steigt so stark der Andrang des Handelns, [...] Helden vielleicht und den frühe Hinüberbestimmten, / denen der gärtnernde Tod anders die Adern verbiegt" (VI, 11-16); oder: „[...] nah am Tod sieht man den Tod nicht mehr / und starrt *hinaus*, vielleicht mit großen Tierblick" (VIII, 22f.); oder: „Aber erweckten sie uns, die unendlich Toten, ein Gleichnis, / siehe, sie zeigten vielleicht auf die Kätzchen der leeren Hasel" (X, 106-108).[75]

9.4 Das optativische Sprechen

Als die bedeutendste Sonderform des konjunktivischen Sprachmodus ist im Rahmen der *Duineser Elegien* das optativische Sprechen anzusehen. Der Optativ ist derjenige sprachliche „Modus, deren pragmatische Funktion es ist, einen Wunsch [...] zum Ausdruck zu bringen."[76] Er findet in den *Elegien* immer dann Verwendung, wenn es darum geht, die Ziele und Hoffnungen des lyrischen Ich auszusprechen.

9.4.1 Die *Zehnte Elegie*

Die Eingangsstrophe der *Zehnten Elegie* artikuliert in ihrer berühmten Formulierung unter anderem die Hoffnung, „dass ich dereinst, an dem Ausgang der grimmigen Einsicht, / Jubel und Ruhm aufsinge zustimmenden Engeln" (X, 1f.). Das lyrische Ich äußert also den Wunsch, zu jenem in der Zukunft liegenden Zeitpunkt, den Guardini als Zeitpunkt des eigenen Todes (des lyrischen Ich) deutet[77], in der Lage zu sein, den Engeln „den Jubel des bestandenen Daseins, den Ruhm der erfahrenen Vollendung"[78] singend mitzuteilen. In diesem hoffnungsgeleiteten, hypothetischen Szenario verhalten sich die Engel dem Toten gegenüber so, wie sie sich dem Lebenden gegenüber offenbar niemals verhalten haben: Sie sprechen das Ich di-

---

[75] Hervorhebungen von mir.
[76] GLÜCK. S. 439.
[77] Vgl. GUARDINI. S. 369.
[78] Ebd.

rekt an und äußern ihre Zustimmung zu seinem auf „grimmige Einsicht" gegründeten Verhalten, seinem Jubelgesang. In diesem Zusammenhang ist es nun keineswegs so, dass Rilke sich – wie es die frühe Forschung gerne glauben (machen) wollte – diese hoffnungsvolle Position in einem die gesamte zehnjährige Entstehungsphase während 'existenzialistischen' Ringen erst erkämpfen musste, sondern umgekehrt so, dass jene Eingangsverse der *Zehnten Elegie*, die wie keine anderen mit dem Begriff der Rühmung verbunden sind, bereits in der ersten Arbeitsphase im Frühjahr 1912, zusammen mit den ganz im Zeichen der Klage stehenden ersten beiden Elegien entstanden sind. Bereits von Beginn an stand also offenbar das Ziel fest, das im Gang des Gesamtzyklus vom Ich der *Duineser Elegien* erreicht werden sollte. Und selbst diese Darstellung bliebe zu undifferenziert, wenn man nicht ausdrücklich darauf hinweisen würde, dass jenes Ziel in diesem Zeitraum de facto gar nicht erreicht, sondern lediglich als Wunschbild entworfen und sprachlich vermittelt wird. Das Ich ist noch nicht am Ausgang der grimmigen Einsicht angelangt, alles, was es tut, ist, diesen Zeitpunkt imaginativ vorwegzunehmen.

9.4.2 Die *Fünfte Elegie*

Ebenso wie man den Eingang der *Zehnten Elegie* als die metaphorisch formulierte Hoffnung lesen kann, trotz der grimmigen Einsicht, die das lyrische Ich ins irdische Dasein gewinnt, am Ende dennoch in der Lage zu sein, eben dieses Dasein poetisch (singend) zu gestalten, ist man berechtigt, die Schluss-Strophe der *Fünften Elegie* als einen solchen Wunsch nach künstlerischer Vollendung, nach dem, was die Elegie selbst „Können" nennt, zu deuten. Bezeichnenderweise ist dieses Szenario der künstlerischen Perfektion wiederum nur im jenseitigen Bereich des Todes, nicht aber im Diesseits, denkbar:

> Engel!: Es wäre ein Platz, den wir nicht wissen, und dorten […] zeigten die Liebenden, die's hier [d.h. im Leben] / bis zum Können nie bringen, [vor den Zuschauern rings, unzähligen lautlosen Toten] ihre kühnen / hohen Figuren des Herzschwungs. (V, 95-102)

Erst im Tod wären die Liebenden, die ins Bild der Artisten gesetzt sind, imstande, in Form der „ewig / gültigen Münzen des Glücks" (104f.) den Lohn ihrer artistischen Bemühungen um einen wahren künstlerischen wie auch emotionalen Ausdruck (das „wahrhafte Lächeln" – 106) zu ernten, der den *Saltimbanques* zu Lebzeiten verwehrt bleiben musste.

II. Strukturkonstituenten

9.4.3 Die *Zweite Elegie*

Als in der Gegenwart des lyrischen Ich ebenfalls nicht (mehr bzw. noch nicht wieder) verwirklichbar erweist sich das Idealbild eines dergestalt gemäßigten und zurückhaltenden zwischenmenschlichen Umgangs, wie er im antiken Griechenland gepflegt worden sein soll; hierauf rekurriert der Schluss der *Zweiten Elegie*. Die „Vorsicht / menschlicher Geste", d.h. das „drucklose Beruhn" der „Hände" auf der „Schulter" des Geliebten bzw. dessen, von dem man „Abschied" nahm – wie es auf den „attischen Stelen"[79] (66-70) abgebildet ist –, ist den 'heutigen' Menschen nicht mehr eigen. Während die alten Griechen noch genau um die Grenzen dessen wussten, was ein Mensch im emotionalen Umgang mit seinem Mitmenschen einerseits ertragen konnte und andererseits dem anderen zumuten durfte und sie ferner auch wussten, wo der Bereich des Menschen endete und der der Götter begann – während also „diese Beherrschten wußten [...]: so weit sind wirs, / *dieses* ist unser, uns *so* zu berühren; stärker / stemmen die Götter uns an. Doch das ist Sache der Götter" (71-73) –, hat der Mensch im Laufe der nachfolgenden Jahrhunderte dieses antike Wissen verloren. Der optativische Wunsch des lyrischen Ich zielt nun darauf, in der Zukunft einen vergleichbaren Zustand wieder herstellen zu können: „Fänden auch wir ein reines, verhaltenes, schmales / Menschliches, einen unseren Streifen Fruchtlands / zwischen Strom und Gestein" (74-76). Nach Ansicht des Ich geht es also darum, dass der Mensch wieder neu lernen muss, ein dem Menschen angemessenes (Welt-)Verhalten zu entwickeln, das um die Begrenzungen des Menschlichen weiß und das diese Grenzen (gegenüber seinen Mitmenschen genauso wie gegenüber dem Bereich der Transzendenz) akzeptiert. Ins agrarisch-organologische Bild gesetzt bedeutet das: Nur wenn wir uns dezidiert an jenem schmalen Bereich, dem „menschlichen Fruchtland", orientieren, kann es uns gelingen, das antike Humanitätsethos erneut zu verwirklichen, nur in der Mitte zwischen den beiden Extremen[80] (dem

---

[79] In einem Brief an Lou Andreas-Salomé vom 10. 1. 1912 – also wenige Wochen vor Entstehung der *Zweiten Elegie* – nimmt Rilke den selben Gedanken vorweg: „Ich glaube, in Neapel einmal, vor irgendwelchen antiken Grabsteinen, hat es mich durchzuckt, daß ich Menschen nie mit stärkeren Gebärden berühren sollte, als dort dargestellt ist. Und ich glaube wirklich, ich bin manchmal so weit, allen Andrang meines Herzens ohne Verlust und Verhängnis auszudrücken, indem ich meine Hand leise auf eine Schulter lege." (RILKE: *Briefe in zwei Bänden.* Bd. 1. S. 376.)

[80] Das Bild wirkt in seiner Komposition wie eine allegorische Ausgestaltung des Aristotelischen Tugendideals, das die Tugend als das Mittlere zwischen zwei (zu meidenden) Extremen ansieht. Vgl. ARISTOTELES: *Nikomachische Ethik.* In:

9. Kommunikative Strategien

Strom als dem völlig Amorphen und dem Gestein als dem gänzlich Erstarrten), nur dann, wenn unser Verhalten „rein" und „verhalten" bleibt, kann das Menschliche überhaupt gedeihen und gleichsam 'Frucht bringen'.

9.5 Projektionen

Denselben suggestiven Effekt, den die Verwendung der verschiedenen Formen des konjunktivischen Sprechens erzielt, bewirkt auch das von Rilke subtil eingesetzte rhetorische Mittel der Projektion. Dadurch gelingt es ebenfalls, den Eindruck des Realen, faktisch Gegebenen zu erzeugen, ohne dass doch je Realitäten dargestellt würden. Das Hauptmerkmal einer literarischen Projektion besteht in ihrem Unterstellungscharakter; den dargestellten Sachverhalten werden dabei Bedeutungen zugeschrieben, welche diese *realiter* gar nicht besitzen. Projektionen lassen sich ganz generell als psychische Wunschbilder verstehen, welche aus dem Innern der menschlichen Psyche auf äußere Zusammenhänge übertragen werden; dabei werden häufig – bewusst oder unbewusst – die tatsächlichen Ursache-Wirkungs-Beziehungen verkehrt. Im Kontext der *Duineser Elegien* treten solche Projektionsfiguren nicht sehr häufig, dafür aber in ganz zentralen Zusammenhängen auf, die für die konzeptionelle Struktur des Gesamtzyklus dann weitreichende Folgen nach sich ziehen. An zwei repräsentativen Beispielen soll die Wirkungsweise solcher literarischer Projektionen veranschaulicht werden.

9.5.1 Zwei 'Aufträge': Rehabilitation des Todes und Verwandlung des Irdischen

Sowohl die *Erste* als auch die *Neunte Elegie* konfrontieren das lyrische Ich mit 'Handlungsaufträgen', die es in der Folge zu erfüllen hat. So zumindest stellt es sich dem lyrischen Ich dar und so muss es zwangsläufig zunächst auch den Lesern erscheinen, denn alles, was wir über die *Elegien*-Welt erfahren, wird uns durch den Wahrnehmungsfilter des lyrischen Ich vermittelt. Das Ich erhält in der *Ersten Elegie* den Auftrag, des „Unrechts / Anschein abzutun" (I, 66f.), der einem frühen Tod anhaftet; hierbei erweisen sich jene jungen Toten selbst als die vermeintlichen Auftraggeber. In der *Neunten Elegie* ist es die Erde selbst, die das lyrische Ich mit der innerlichen Verwandlung der irdischen Dinge betraut.

Dass es sich in beiden Fällen nicht um objektiv gegebene Sachzusammenhänge, sondern ausschließlich um subjektive Deutungen

---

Ders.: *Aristoteles Philosophische Schriften* (6 Bde.). Bd. 3. Nach der Übersetzung von Eugen ROLFES, bearbeitet von Günther BIEN. Als Lizenzausgabe für die Wissenschaftliche Buchgesellschaft. Darmstadt 1995. S. 36-43.

II. Strukturkonstituenten

handelt, dürfte auf der Hand liegen. Dass Tote nicht mit Lebenden in kommunikativen Kontakt treten können, ist zwar wohl *common sense*, besagt aber im literarischen Kontext einer mythopoetischen Dichtung noch nicht allzu viel. Wenn aber der Text über die genaue Art der Kontaktaufnahme nicht sehr viel mehr zu sagen weiß, als dass es sich hierbei um irgendein unspezifisches „Rauschen" (61) handele, ist dies als Indiz gegen eine derartige übersinnliche Kommunikation zu werten.[81] Die folgenden Verse deuten die wahre Kausalität an: Das Ich fühlte sich „in Kirchen / zu Rom oder Neapel ruhig [vom] Schicksal" (62f.) der jungen Toten angeredet, „oder es trug eine Inschrift sich erhaben [ihm] auf, / wie neulich die Tafel in Santa Maria Formosa" (64f.). Bei Besuchen in den erwähnten Kirchen kam nicht nur das lyrische Ich, sondern Rilke selbst, in Kontakt mit den „Grabtafeln vieler junger Menschen [...], die dort (während ihrer Studien an der berühmten Universität) hinstarben, in Bologna, in Venedig, in Rom, überall stand ich als Schüler des Todes, vor ihrer grenzenlosen Wissenschaft und ließ mich erziehen"[82]. Die auf diesen Grabtafeln angedeuteten 'Biographien' jener nichtfiktionalen, vielmehr höchst realen jungen Toten haben sehr wahrscheinlich maßgeblich zur Entwicklung des Rechtfertigungs- oder Rehabilitationsgedankens der *Ersten Elegie* beigetragen, den Rilke sein lyrisches Ich poetisch formulieren lässt, wobei dieses offensichtlich eine Inversion der tatsächlichen Kausalverhältnisse vornimmt.

Mit dem Auftrag der Erde verhält es sich ganz ähnlich; auch ihn artikuliert die mehrfach ausdrücklich als „verschwiegen" gekennzeichnete Erde natürlich nicht selbst, vielmehr unterstellt das lyrische Ich ihr diesen in suggestiver Manier:

> Erde, ist es nicht dies, was du willst: *unsichtbar* / in uns erstehn? – Ist es dein Traum nicht, / einmal unsichtbar zu sein? – Erde! unsichtbar! / Was, wenn Verwandlung nicht, ist dein drängender Auftrag (IX, 67-70).

---

[81] Wenngleich zu bedenken gegeben werden muss, dass Rilke gerade dies, eine direkte Kommunikation mit Verstorbenen, für durchaus möglich erachtete. Er selbst hatte mehrfach an spiritistischen Sitzungen, so genannten Séancen, teilgenommen: „Was mich selbst angeht, so stammen meine eigenen Eindrücke auf diesem geheimnisvollen Gebiet, mit ganz wenigen Ausnahmen, aus jenen Versuchen im Taxisschen Kreise, denen ich, bis vor ungefähr zehn Jahren öfter, als Zuschauer beigewohnt habe. Später war es mir leider nie möglich, mich mit einem zuverlässigen Medium zu verbinden, ich würde sonst gewiss eifrig gewesen sein, die sehr besonderen Erfahrungen, die mir zuteil geworden sind, bei entsprechenden Gelegenheiten zu vermehren." (An Nora PURTSCHER-WYDENBRUCK, 11. 8. 1924. – RILKE: *Briefe in zwei Bänden*. Bd. 2. S. 332f.)

[82] An Magda von HATTINGBERG, 16. 2. 1914. – Zitiert nach FÜLLEBORN/ENGEL. Bd. 1. S. 99.

9. Kommunikative Strategien

In gleicher Weise wird weiter oben suggeriert, die Dinge trauten uns „ein Rettendes" zu (64). In noch weitaus stärkerem Maß als im Zusammenhang mit den jungen Toten ist der diesen Passagen zugrunde liegende Projektionscharakter unübersehbar, denn während die jungen Toten mit den Grabtafeln noch wenigstens über ein indirektes Kommunikationsmedium verfügen, bleiben die Erde bzw. die irdischen Dinge gänzlich stumm. Der einfühlenden Empathie sowie der Handlungsinitiative des Ich haben sie es letztlich zu verdanken, dass ihnen – wenn schon der Untergang ihrer materiellen Existenz nicht zu verhindern ist – im Medium des Gedichts doch zumindest ihre ideelle „Rettung" zuteil wird.

9.5.2 Triadisches Geschichtsmodell

Unsere Definition der literarischen Projektion als eines nach außen verlegten psychischen Wunschbilds erfüllen auch sämtliche in den *Duineser Elegien* angeführten historischen, mythologischen sowie biblischen Vorbilder. Diesen gelang nach Ansicht des lyrischen Ich in der Vergangenheit die Verwirklichung idealer menschlicher Leistungen (z.B. „Gaspara Stampa": intransitive Liebe; „Tobias": direkter Kontakt zum Engel; „Leidland: Annahme von Schmerz und Tod, „Simson: wahres Heldentum), von denen sich die nachfolgenden Jahrhunderte zunehmend entfernten und die den 'Heutigen' unerreichbar erscheinen müssen. Es ist sicherlich kein Zufall, dass jene historischen Verwirklichungen die Züge eines verlorenen 'goldenen Zeitalters' tragen, wie es auch kein Zufall ist, dass die Struktur der hier angewandten Gedankenfigur große Ähnlichkeit mit dem seit dem 18. Jahrhundert topischen geschichtsphilosophischen Triaden- oder Dreischrittmodell aufweist. Dieses lässt sich wie folgt charakterisieren: Der Mensch der Moderne konstatiert am harmonisch-idealen Gegenbild der Vergangenheit (goldenes Zeitalter) den desolaten Zustand seiner eigenen Gegenwart. In Anlehnung an das historische Idealbild konzipiert er sodann einen Zukunftsentwurf, der nicht nur wesentliche Momente des verlorenen goldenen Zeitalters wieder aufgreift, sondern zumeist noch – im Unterschied zu jenem – um die Dimension der Reflexivität erweitert ist, welche nun den der Welt entfremdeten Menschen wieder mit ihr auszusöhnen vermag.

Als ein solches historisches Paradigma fungiert in der *Ersten Elegie* beispielsweise „Gaspara Stampa". Vom lyrischen Ich als Garantin einer auch in der Gegenwart gegebenen Möglichkeit zur Verwirklichung der von ihr symbolisierten 'intransitiven Liebe' gedeutet, kann ihr „gesteigertes Beispiel" den 'heutigen' Menschen Vorbild zur Nachahmung sein. Die *Zweite Elegie* spielt mit der Tobias-Episode auf eine nicht genauer datierbare biblisch-mythische Vor-

II. Strukturkonstituenten

zeit an, in der der Kontakt zwischen Engel und Mensch noch nicht notwendigerweise für letzteren derartig verheerende Konsequenzen hatte, wie es die *Erste* und *Zweite Elegie* dem 'heutigen', entfremdeten Menschen prophezeien. Die „Klagen" der *Zehnten Elegie* sind mythologisierte allegorische Personifikationen einer gesellschaftlich fest verankerten und intakten Klagekultur, wie sie in früheren Zeiten noch hierzulande geherrscht habe („Wir waren [...] ein großes Geschlecht [...] Einst waren wir reich" – X, 55-60).

10. Strukturanalysen

Während sich die Forschung bisher nur in recht bescheidenem Ausmaß den strukturellen Aspekten der *Duineser Elegien* zugewendet hat, liegt doch gerade in ihnen ein nicht zu unterschätzendes Potenzial für künftige Untersuchungen. Dabei dürften globale Fragestellungen, wie sie bisher im Zentrum des Forschungsinteresses standen, aufgrund ihrer stark reduktionistischen Tendenzen weniger ergiebig sein als die Strukturanalysen einzelner Elegien. Denn letztere werden der Komplexität der in ihnen verhandelten Themen eher gerecht und sind besser geeignet, die jeweiligen kompositorischen Prinzipien der Einzelelegien transparent zu machen.

10.1 Die spiegelbildliche Struktur der *Zweiten Elegie*

Die *Zweite Elegie* ist aus sieben Strophen aufgebaut, die sich quantitativ, d.h. in Bezug auf ihre Verszahlen, zwei Längenkategorien zuordnen lassen. Wir unterscheiden zwei (durchschnittlich ca. 20 Verse) 'lange' und fünf (durchschnittlich ca. 8 Verse) 'kurze' Strophen. Ausgehend von diesem ersten, rein quantitativen bzw. graphischen Befund ließe sich die Struktur der *Zweiten Elegie* wie folgt beschreiben: Auf zwei kurze Eingangsstrophen (k) folgt eine lange Zwischenstrophe (l), an die sich wiederum eine kurze Strophe anschließt, die wir als 'Achsenstrophe' oder 'Spiegelachse' bezeichnen können (k), auf diese folgt erneut eine lange Zwischenstrophe, den Abschluss der Elegie bilden wiederum zwei kurze Strophen. Abgekürzt lässt sich das Strophenschema folgendermaßen darstellen: k1 – k2 – l – k – l' – k2' – k1', den Aufbau der Elegie könnte man dementsprechend als spiegelsymmetrisch oder gewissermaßen als 'palindrom' bezeichnen, so dass sich die erste und letzte, die zweite und vorletzte und schließlich die dritte und drittletzte Strophe aufeinander beziehen lassen.

Zur Überprüfung dieses zunächst nur hypothesenartig formulierten Strukturschemas wird im zweiten Schritt die inhaltliche Seite der Elegie mitberücksichtigt. Wenn unsere Hypothese zutrifft, müssen die ersten sowie die letzten drei Strophen in einem strengen symmetrischen Verhältnis zueinander stehen, dabei würde die Mittelstrophe (k) als Spiegelachse fungieren. Im Zentrum der ersten beiden kurzen Strophen (k1 und k2) steht der Engel. Die erste Strophe ist geprägt von einer historisch akzentuierten Antithetik: Dem Schrecklichsein der Engel in Bezug auf den 'heutigen' Menschen steht ihre relative 'Harmlosigkeit' in Bezug auf den Menschen jener biblisch fernen Vergangenheit gegenüber. Die zweite Strophe liefert eine poetisch-metaphorische Definition des Wesens der Engel. Die beiden letzten Strophen (k2' und k1') handeln vom Menschen und entsprechen so (in ihrem gegenbildlichen Bezug auf den Engel) genau unserer Annahme. Der historischen Antithetik von k1 in Bezug auf den Engel entspricht in k1' eine ebensolche Antithetik zwischen den menschlichen Vertretern verschiedener historischer Epochen ('Gegenwart' des lyrischen Ich sowie antikes Griechenland). Während in k1 das Moment der Klage um den Verlust der Möglichkeit eines direkten Kontakts des Menschen mit dem Engel vorherrscht, überwiegt in k1' der Hoffnungscharakter, dass sich der Mensch eines Tages wieder dem antiken Menschheitsideal annähern könnte. Dem Bild des Engels als eines Idealwesens, wie es k2 zeichnet, entsprechen in k2' die auf den „attischen Stelen" (II, 66) buchstäblich dargestellten „Bilder" (vgl. 78) jenes im antiken Griechenland tatsächlich verwirklichten Humanitätsideals. Während die dritte Strophe (l) wesentlich die menschliche Vergänglichkeit thematisiert, diskutiert die fünfte Strophe (l') die Frage, inwieweit in der Liebe dem Menschen das „reine Dauern" bzw. die „Ewigkeit" (58f.) erlebbar sind. Die Strophen k1 und k1' sowie l und l' stehen antithetisch zueinander, sie kontrastieren den Menschen mit dem Engel bzw. Vergänglichkeit und Ewigkeit. Die Strophen k2 und k2' dagegen bilden einen analogischen Bezug, indem sie jeweils Idealzustände schildern.

Die Mittelstrophe (k) schließlich konzentriert sich ganz auf die Liebenden als diejenigen menschlichen Repräsentanten, denen die *Duineser Elegien* grundsätzlich die größten Chancen zur Überwindung der menschlichen Daseinsaporien einräumen; die *Zweite Elegie* nennt die Liebenden daher auch eine „unsägliche Hoffnung" (43). Allerdings werden sie in dieser zentralen Strophe durchaus ambivalent charakterisiert: Der Hoffnung steht die „Schande" (ebd.) gegenüber, denn offenbar „verstehen" sie nicht, ihre Chance, „in der Nachtluft wunderlich [zu] reden" (37f.), zu nutzen.

10.2 Die *Fünfte Elegie*. Zur Zentralität der zehnten Strophe

Auch in der *Fünften Elegie* ruhen alle Hoffnungen zur Erfüllung der menschlichen Möglichkeiten auf den Liebenden. Die Schluss-Strophe kennzeichnet sie als die wahren Artisten, die im Unterschied zu den bloß mechanisch agierenden *Saltimbanques* schließlich – wenngleich erst im Tod – imstande sind, „dorten, / auf unsäglichem Teppich [...] ihre kühnen / hohen Figuren des Herzschwungs" (V, 95-98) aufzuführen, die mit ihren „an einander / lehnenden Leitern" (100f.) eine echte Balance-Figur verwirklichen und es somit zu wahrem künstlerischen Können und nicht zuletzt auch zu echter emotionaler Meisterschaft bringen. Das ist die thematische Verbin-

10. Strukturanalysen

dung zur *Zweiten Elegie*, dort wurden die Liebenden zwar in der Mittelstrophe gewissermaßen auch in einem Gleichgewichtszustand vorgeführt, dieser basierte allerdings mehr auf 'Unverstand' (vgl. II, 37) und Unentschiedenheit (zwischen den beiden Möglichkeiten „Hoffnung" und „Schande") als auf authentischem Können.

Mit ihren zwölf Strophen, die ihrer Länge nach stark variieren (von minimal drei bis zu maximal achtzehn Versen) ist die *Fünfte Elegie* keinem symmetrischen Kompositionsprinzip verpflichtet. Jedoch lässt sich an ihr ein anderes Strukturmerkmal beobachten: Die zehnte Strophe bildet gewissermaßen das 'Gravitationszentrum' der Elegie, auf das die anderen elf ausgerichtet sind. Sie ist der Ort eines – künstlerischen – Quantensprungs, um den die anderen Strophen bloß kreisen, ohne ihn aber dramatisch inszenieren zu können. Denn obwohl die *Fünfte Elegie* wie keine andere im Gesamtzyklus das Motiv der Bewegung anspricht, wirkt sie doch ganz und gar nicht dynamisch, eher wie eine statische Collage verschiedener Einzelbilder. Die zehnte Strophe dient gewissermaßen dazu, die verschiedenen Einzelaufnahmen zu einer dynamisch bewegten Bilderfolge zu verbinden:

> Und plötzlich in diesem mühsamen Nirgends, plötzlich / die unsägliche Stelle, wo sich das reine Zuwenig / unbegreiflich verwandelt –, umspringt / in jenes leere Zuviel. / Wo die vielstellige Rechnung / zahlenlos aufgeht. (81-86)

Thema der gesamten Elegie sind die Bemühungen der *Saltimbanques* um artistische Perfektion. Am Beispiel des alten „faltigen Stemmers" (26) wird in der dritten Strophe ein Mitglied der Artistengruppe vorgeführt, das seinen künstlerischen Zenit bereits überschritten hat, am Beispiel des Knaben der sechsten, der „täglich hundertmal abfällt vom Baum der gemeinsam / erbauten Bewegung" (42f.), eines, das noch ganz am Anfang seiner artistischen Laufbahn steht. Der Knabe repräsentiert das, was die zehnte Strophe das „reine Zuwenig" nennt, d.h., er ist noch weit vom geforderten artistischen Können entfernt, aber seine Bemühungen sind voll ungekünstelten Wollens, voll naiver 'Reinheit' und daher auch durchaus positiv konnotiert. So ist er beispielsweise der einzige Vertreter der Artistengruppe, dem – allen Schmerzen zum Trotz, welche die mühsamen artistischen Übungen mit sich bringen – noch „blindlings" ein wahres „Lächeln" (56f.) auf seinem Gesicht entstehen kann. Gegenüber dem reinen Zuwenig des Knaben nimmt sich die Darbietungsform der anderen Artisten (die allerdings nicht explizit vorgeführt wird, sondern aus dem Zusammenhang der 'Einzelbilder' erschlossen werden muss) wie ein „leeres Zuviel" aus, wie eine zwar mechanisch perfekte, gefühlsmäßig aber uninspirierte,

II. Strukturkonstituenten

daher leer anmutende Pflichtübung. Dementsprechend nennt die zweite Strophe deren Attitüde auch eine „scheinlächelnde Unlust" (25).
   Alle von der *Fünften Elegie* vorgeführten *Saltimbanques* bewegen sich im Spannungsfeld von reinem Zuwenig und leerem Zuviel, keinem aber gelingt es zu Lebzeiten, eine Verbindung von gefühlsmäßiger Reinheit und einem Überschuss an artistischer Perfektion herzustellen; ein 'reines Zuviel' (wie es in der *Vierten Elegie* das Zusammenkommen von „Puppe" und „Engel" symbolisiert) ist den Liebenden im Tod vorbehalten. Daher nennt die zehnte Strophe den Umschlagspunkt auch die „unsägliche Stelle" (82). Denn da sie den Lebenden nicht fixierbar, ja zeitlich noch nicht einmal genau zu bestimmen ist, ist sie auch mit den Mitteln der Sprache nicht zu fassen, ist unsäglich. Und daher bleibt dem Gedicht auch keine andere graphische Darstellungsform als der semantisch nicht eindeutig einzuordnende Gedankenstrich aus Vers 83. Vor ihm steht das „reine Zuwenig", nach ihm das „leere Zuviel", er selbst ist ein bloßer Punkt, der sich zeitlich und sprachlich dem Erkennen entzieht; der Umschlag selbst muss folglich „unbegreiflich" (83) genannt werden. Als nicht eindeutig zuzuordnender Punkt muss er gedanklich entweder beiden Stadien oder aber keinem der beiden zugerechnet werden. Der Gedankenstrich lässt sich daher als graphisches Symbol des Gleichgewichts deuten. Was die Liebenden am Ende des Gedichts in einer reichen Bildersprache verkörpern, symbolisiert auch der Gedankenstrich im thematischen wie strukturellen Zentrum der Elegie: eine vollkommene Balance.
   Dieser Strukturbefund ist nicht nur für die *Fünfte Elegie* selbst gültig, sondern trifft in gewisser Weise auch für den Gesamtzyklus zu. Greift man nämlich die zehnte Strophe der *Fünften Elegie* aus dem Zyklus heraus und zählt die Summe aller Verse sowohl vor als auch nach dieser Schlüsselstrophe, so kommt man auf jeweils 423 Verse.[83] Allerdings ist es ungleich schwerer, für den Gesamtzyklus eine Korrelation von solchen rein formalen (d.h. zahlenmäßigen) Auffälligkeiten und andererseits inhaltlichen Aspekten nachzuweisen. Was sich im Fall der Einzelelegie anbot, wirkt auf den thematisch so vielschichtigen und facettenreichen Elegienzyklus bezogen

---

[83] Vgl. ABBOTT. S. 440: „423 lines precede the tenth stanza and 423 lines follow, leaving this six-line stanza which describes a moment and a place of sudden, unfathomable transformation as the exact center of the combined ten elegies. The dash near the center of this central stanza *is* „die unsägliche Stelle," the very point of transition between „das reine Zuwenig" and „jenes leere Zuviel.". The dash (itself a sign of ineffability) is a balance point, and the stanza is the point around which the other 846 lines balance."

leicht konstruiert und erzwungen. Dass es sich bei dieser Gleichzahlsituation aber dennoch weniger um einen Zufall als vielmehr um einen von Rilke bewusst gesteuerten Umstand handeln dürfte, liegt bei einem derartigen Formkünstler wie Rilke jedoch einigermaßen nahe. Denn schließlich entstand die *Fünfte Elegie* erst, als alle anderen Elegien bereits vollendet waren, und so boten sich Rilke durchaus Möglichkeiten, an Strophenanordnung und Verslängen zu feilen.

10.3 Die *Siebente Elegie*. Das Strukturmotiv der Aufwärtsbewegung

Die *Siebente Elegie* ist in acht Strophen von nicht allzu stark variierender Länge unterteilt. Ähnlich wie die *Zweite Elegie* weist auch sie einen gewissen symmetrischen Aufbau auf, der allerdings im Gegensatz zu jener deutlich weniger ausbalanciert wirkt. Es wäre im Fall der *Siebenten Elegie* daher angemessener, anstelle einer spiegelsymmetrischen von einer dreigliedrigen Struktur zu sprechen, wobei sich aber analog zur *Zweiten Elegie* auch hier ein Korrespondenzverhältnis der verschiedenen Teile des Gedichts zueinander nachweisen lässt. So bezieht sich der aus drei Strophen (eins, zwei, drei) bestehende Eingangsteil auf den aus zwei Strophen (sieben, acht) aufgebauten Schlussteil. Das dreistrophige Mittelsegment (vier, fünf, sechs) bildet einen kontrapunktischen Einschub, der die zielgerichtete Bewegung der Strophenfolge zunächst unterbricht, sie jedoch schließlich unter 'veränderten Vorzeichen' wieder neu in Gang setzt.

Die Struktur der *Siebenten Elegie* ist sowohl durch thematische als auch durch motivische Gesichtspunkte bedingt. In den Außenstrophen (eins, zwei, drei; sieben, acht) herrscht das Strukturmoment der Aufwärtsbewegung vor, das auf unterschiedliche Weise bildlich umgesetzt wird. In der Eingangspartie geschieht dies auf dreierlei Weise: Die erste Strophe verdeutlicht die Aufwärtsbewegung anhand des „Vogels" (VII, 2), den „die Jahreszeit aufhebt, die steigende [... und den sie] ins Heitere wirft, in die innigen Himmel" (3-5). Im Vergleich mit dem Vogel wird die „werbende" Natur (vgl. 1) der Stimme des lyrischen Ich unterstrichen. In der Parallelführung des Vogelschreis mit dem Werbungsschrei des lyrischen Ich führt die zweite Strophe eine akustische Aufwärtsbewegung vor, die in ihrer 'architektonischen' Metaphorik durchaus bildstrukturelle Ähnlichkeiten zur 'Lichtarchitektur' der zweiten Strophe der *Zweiten Elegie* aufweist[84]: „Erst jenen kleinen / fragenden Auflaut [...] Dann die Stu-

---

[84] Vgl. GUARDINI. S.79f.

II. Strukturkonstituenten

fen hinan, Ruf-Stufen hinan, zum geträumten / Tempel der Zukunft" (11-15). Die dritte Strophe setzt erneut zu einer Aufwärtsbewegung an. Nach der Vogelflug- und der Vogelrufmetapher stellt die chronologische Abfolge der Tageszeiten eine dritte (temporale) metaphorische Variante zur Versinnbildlichung der Aufwärtsbewegung dar. Im Durchgang durch einen kompletten Sommertag kulminiert diese Strophe im Erreichen der „Nächte!", mit den „Sternen der Erde" (27f.) wird sozusagen der Gipfelpunkt der Elegie erklommen.

Der dreistrophige Mittelteil kontrastiert nun die mit den Sternen erreichte äußerste Höhe mit dem Bereich unterhalb der Erdoberfläche, dem Erdinnern, wo die „schwächlichen Gräber" (31) der Mädchen liegen. Höhe und Tiefe, Außen und Innen werden im Übergang des Eingangs- und des Mittelteils voneinander abgegrenzt. Doch während das Gedicht strukturell an dieser Stelle eine Wendung nach Innen vollzieht, laufen die Mädchen seinem Richtungswechsel zuwider und drängen aus ihren Gräbern nach oben: „die Versunkenen suchen / immer noch Erde" (33f.). In der zweiten Strophe des Mittelteils verweilt das Gedicht dauerhaft auf der Erde, im apodiktischen „Hiersein ist herrlich" (39) spricht sich seine 'Erdverbundenheit' aus. Zunächst scheint das Grundstrukturmotiv der gerichteten (Aufwärts- wie Abwärts-)Bewegung fallengelassen worden zu sein, doch der Strophenschlussvers deutet eine neuerliche Wendung nach innen an, d.h. in diesem Fall: ins Innere des Menschen. Das für den Mittelteil zentrale Stichwort „innen" greift auch die sechste Strophe auf und verzahnt so gewissermaßen beide Strophen[85]: „Nirgends, Geliebte, wird Welt sein, als innen" (50), heißt es mit Bezug auf die Verwandlungsthematik im Eingangsvers, am Strophenschluss jedoch wird die Wendung nach innen mit dem Motiv der Aufwärtsbewegung zusammengeführt. Obwohl wir ganz im Innern verweilen sollen, sind wir doch, indem wird nun „*innerlich* baun, mit Pfeilern und Statuen, größer!" (62) in die Lage versetzt, bauend (also kulturschaffend) ebenfalls eine Form der Aufwärtsbewegung zu vollziehen.

Die zwei Strophen des Schlussteils beziehen sich nun – unter Beibehaltung der Thematik der Kunst- und Kulturproduktion – wieder auf die Strophen des Eingangsteils und bilden mit diesem zusammen den Rahmen der Elegie. Dort wie hier ist die Aufwärtsbewegung das dominante Strukturmotiv. Während die zweite Strophe

---

[85] Dieser Technik der Stichwortverhakung bedient sich die *Siebente Elegie* übrigens auch im Übergang der zweiten zur dritten Strophe: „Und vor sich, den Sommer. // Nicht nur alle die Morgen des Sommers [...]" (17f.).

10. Strukturanalysen

eine metaphorische (akustische) Architektur vorführte, zeigt die zweitletzte nun die Monumente einer realen Architektur: „Säulen, Pylone, der Sphinx, das strebende Stemmen [...] des Doms" (73f.). Beide – akustische und konkrete Architektur – versinnbildlichen jene aufwärts gerichtete Bewegung. Diese symbolisiert in Bezug auf die realen architektonischen Denkmäler das menschliche Transzendenzstreben; so ist auch nach der traditionellen Vorstellung der Bereich des Oben, der physikalische Himmel, ja bekanntermaßen mit dem göttlichen Himmel, dem Bereich der Transzendenz, assoziiert. Ebenso wie im ersten Teil ist die Aufwärtsbewegung auch im abschließenden Teil der Elegie eine zielgerichtete. Waren es in der dritten Strophe die Sterne, auf welche die Aufwärtsbewegung hinauslief, so ist es nun der Engel, auf den die Bewegung abzielt, welche sich nun allerdings ausschließlich im Innenraum der menschlichen Seele vollzieht.

Die Abschluss-Strophe stellt den architektonischen Leistungen des Menschen weitere – künstlerische und zivilisatorische – Errungenschaften zur Seite, die gleichermaßen das Aufwärtsstreben des Menschen repräsentieren. Neben der Architektur („Chartres"; 82) sind es die „Musik" (ebd.) und die Gestalt der „allein am nächtlichen Fenster" stehenden „Liebenden" (84), die an der (hier anthropomorph vorzustellenden) Engelsgestalt emporstreben. Der aufwärtsgerichtete „Arm" (89) des lyrischen Ich bildet den Höhepunkt in der Reihe menschlicher Transzendenzsymbole. Als metaphorischer Arm stellt das (dichterische) „Rufen" (ebd.) des lyrischen Ich einen zirkulären Bezug zum Eingangsmotiv des Werbungsschreis her und markiert doch gleichzeitig in seiner „abwehrenden und warnenden" (91) Gestik eine definitive Abkehr von der Werbung um den Beistand des Engels.

Zusammenfassung

Die *Duineser Elegien* bewegen sich im Spannungsfeld zweier übergeordneter Themenschwerpunkte: der Kunstproblematik einerseits sowie der Frage nach der *conditio humana*, den Bedingungen menschlicher Existenz, andererseits. Das Konfliktverhältnis zwischen Kunst und Leben findet sich auf vielfältige Weise im Elegienzyklus gespiegelt. So sieht sich das lyrische Ich in seinem Kunstwillen einer nicht nur kunstlosen bürgerlichen Gesellschaft (vgl. besonders die *Vierte Elegie*), sondern auch einer der Kunst unvorteilhaften Zeiterscheinung, dem „Schwund der Dinge" (vgl. die *Siebente Elegie*), gegenüber. Dieser in der Gegenwart des lyrischen Ich zunehmend zu verzeichnende Schwundprozess deutet auf zweierlei hin: Zum einen auf die sich verschlechternden gesellschaftlichen Rahmenbedingungen von Kunst(-produktion wie -rezeption) überhaupt. Der 'heutige' Mensch kennt nicht nur keine Tempel mehr, sondern er ist auch in zunehmendem Maß außerstande, kulturelle und künstlerische Leistungen angemessen zu beurteilen und mithin hat er – ohne dies selbst zu bemerken – das Bedürfnis nach Kunst eingebüßt: „Viele gewahrens nicht mehr, doch ohne den Vorteil, dass sie's nun *innerlich* baun, mit Pfeilern und Statuen, größer!" (VII, 61f.) Zum anderen ist es gerade jener Schwundprozess, der an das Künstler-Ich die Aufgabe stellt, die vom Schwund bedrohten Dinge im Kunstwerk zu retten. Dieser Kunst-Auftrag (vgl. die *Neunte Elegie*) beläuft sich allerdings nicht nur auf die Transformation konkreter Gegenstände ins poetische Wort, sondern bezieht gleichzeitig den Bereich menschlicher Emotionalität mit ein. Auf diese Weise gelingt es dem lyrischen Ich, die Brücke zwischen den beiden Polen der *Elegien*, d.h. der Frage nach den Bedingungen menschlicher Existenz einerseits sowie der Frage nach der Aufgabe von Kunst in der 'heutigen' Zeit andererseits, zu schlagen. In einer Zeit (den ersten Jahrzehnten des 20. Jahrhunderts), in der die Daseinsfragen nicht mehr mit transzendenten Lösungen beantwortet werden können, fällt der Kunst die Rolle der Versöhnung des Menschen mit seinem Schicksal zu.

Ein Rudiment jenes Bedürfnisses nach transzendenter Geborgenheit kann man noch in der mythopoetischen Figur des Engels erkennen. Der Elegien-Engel ist zwar nach Rilkes Intention weitgehend seiner transzendenten, d.h. klassisch biblischen Einkleidung entledigt, doch gelegentlich lässt er diese noch durchschimmern (vgl. vor allem die *Zweite Elegie*). Ansonsten dient der Engel dem Menschen in mehrerlei Hinsicht: Als Gegenbild des Menschen hilft er, den Bereich des Menschen von der Seite reiner Geistigkeit her zu

Zusammenfassung

bestimmen. Dem Künstler-Ich dient der Engel wesentlich als metaphysischer Zeuge der genuin menschlichen Kulturleistungen, nicht zuletzt der eigenen sprachkünstlerischen Zeugnisse, die im Gedächtnis des Engels ihre überzeitliche Aufbewahrungsstätte haben und somit dem virulenten Schwundprozess dauerhaft entzogen bleiben.

Die Liebe stellt die von den *Duineser Elegien* favorisierte Möglichkeit zur Überwindung der menschlichen Daseinsaporien dar (vgl. vor allem die *Erste*, *Zweite* und *Achte Elegie*). Eine Überwindung der menschlichen Ausrichtung auf die „gedeutete (bzw. gestaltete) Welt" ist weniger von der konventionellen „transitiven Liebe" als von ihrer „intransitiven" Variante zu erwarten. Die rein triebbestimmte 'dionysische Liebe' stellt einen dritten Liebesmodus vor. Sie repräsentiert einen von uns verdrängten („furchtbaren") Aspekt unserer biologischen Existenz (vgl. die *Dritte Elegie*), den es nach Meinung des lyrischen Ich wie nach Rilkes persönlicher Überzeugung ebenso anzunehmen gilt wie auf der anderen Seite den Tod.

Wie unsere Triebnatur, so hat die Menschheit im Laufe ihrer zivilisatorischen Entwicklung auch die Wirklichkeit des Todes aus dem Leben der Menschen verdrängt. Dieses Missverhältnis suchen die *Elegien* zu revidieren, indem sie den Tod nicht als Gegenteil und Negation des Lebens, sondern als dessen andere Hälfte, als notwendige Ergänzung zu seiner „Vollzähligkeit" darstellen und so seine gesellschaftliche Rehabilitierung zu bewirken suchen (vgl. die *Erste* und *Vierte Elegie*). Speziell die *Zehnte Elegie* stellt der kritisierten Verdrängung des Todes anhand einer allegorisierten Totenklage ein Beispiel der positiven und produktiven Annahme des Todes (im Rahmen einer intakten Klagekultur) gegenüber.

Die *Duineser Elegien* sind keineswegs eine 'zeitlose' Dichtung. Ihr historischer Ort, das frühe 20. Jahrhundert, ist – allen ästhetischen Bemühungen um einen hohen und gewissermaßen überzeitlichen dichtungssprachlichen Stil zum Trotz – doch immer spürbar. Die zeitspezifischen Veränderungen der ersten beiden Jahrzehnte nach der Jahrhundertwende werden zwar in poetischer Bildsprache, aber nichtsdestoweniger klar bezeichnet. In den Erschütterungen, die der technisch-industrielle Paradigmenwechsel dieser Epoche mit sich brachte, dürfen wir einen wesentlichen lebensweltlichen Auslöser der *Elegien*-Dichtung sehen. Die Verwandlungspoetik ist daher mit Recht als ästhetische Antwort auf jenen gesamtgesellschaftlichen Wandlungsprozess zu sehen, sie ist der großangelegte Versuch, einer zunehmend inkommensurabler werdenden Welt in einem künstlerischen Gewaltakt doch noch einmal einen 'Sinn' abzuringen.

Zusammenfassung

Das menschliche Bewusstsein ist als Hauptcharakteristikum der *conditio humana* anzusehen (vgl. die *Vierte* und *Achte Elegie*). Im Unterschied zur historischen Variabilität im Bereich der Dingwelt sowie der menschlichen Verfassung (z.B. Liebe im antiken Griechenland *versus* Liebe 'heute' oder Verhältnis zum Engel zur Zeit des Tobias *versus* Verhältnis Engel/Mensch 'heute') ist das Bewusstsein die einzige Konstante innerhalb der *Elegien*. Aufgrund seines Bewusstseins ist der Mensch aus dem harmonischen Daseinsbereich der Kreatur, dem „Offenen", ausgeschlossen. Das Bewusstsein hat bei ihm zu der seine Existenz wesentlich prägenden Subjekt-Objekt-Spaltung geführt, welche zur Folge hat, dass der Mensch sich selbst zeit seines Lebens reflexiv gegenüber steht und ihm der eigene Tod zum Fluchtpunkt seiner gesamten Existenz werden konnte.

Räumliches, Akustisches sowie Zyklisches sind die zentralen Strukturkonstituenten der *Duineser Elegien*. Im Hinblick auf Form und Inhalt kommt allen dreien eine wesentliche Bedeutung zu. Sie bilden gewissermaßen das Koordinatensystem, innerhalb dessen sich die Elegiendramaturgie erst eigentlich abspielen kann. So ist die Raummetapher beispielsweise ein unverzichtbarer Schlüssel zur Verwandlungspoetik des lyrischen Spätwerks. Im Innenraum des menschlichen Herzens vollzieht sich die Transformation der sichtbaren Dinge ins Unsichtbare. Das Strukturmotiv des Akustischen versinnbildlicht einerseits die unterschiedlichen Stadien dichterischer Mündigkeit (vgl. die *Erste* versus die *Siebente* und *Zehnte Elegie*), es ist andererseits das Medium, in dem der Bezug des lyrischen Ich zum Engel stattfinden kann. Das Zyklische ist die Form idealer Daseinszustände, wie sie beispielsweise die Zugvögel der *Vierten Elegie* verkörpern, die zu jeder Zeit im harmonischen Einklang mit den ihr Handeln strukturierenden Jahreszeiten leben. Anhand verschiedener Daseinsfiguren unterstreichen die *Elegien* formal das, was sie inhaltlich nur andeutungsweise artikulieren: So drückt beispielsweise das Schlussgleichnis der *Zehnten Elegie* die Überzeugung aus, dass Steigen und Fallen, d.h. Leben und Tod, einander nicht negieren, sondern sich vielmehr gegenseitig ergänzen und auf diese Weise den ganzen Kreis des Daseins erst bedingen.

Konjunktivisches, speziell optativisches Sprechen sowie eine Reihe weiterer kommunikativer Strategien erlauben es Rilke, sowohl die existenzielle als auch die künstlerische Verunsicherung, die für die Zeit der (literarischen) Moderne so charakteristisch ist, nicht nur thematisch, sondern auch sprachlich-strukturell nachzuvollziehen und so den Bedeutungsgehalt der *Duineser Elegien* in jene eigentümliche Schwebe zwischen Resignation einerseits und affirmativer Selbstbehauptung andererseits zu bringen.

Zusammenfassung

All jene zivilisatorischen, kulturellen und psychischen Auflösungserscheinungen der modernen Welt, die im Verlauf des Elegienzyklus angesprochen werden, versucht Rilke nicht nur mittels seines großangelegten Weltdeutungsversuchs zu kompensieren, den die *Duineser Elegien* darstellen, sondern auch, jenem Degenerationsprozess mit den Mitteln einer am antiken Vorbild geschulten Formkunst zu begegnen. Die strenge formale Komposition der *Elegien* dient Rilke gleichsam als das tragfähige Gerüst, welches nicht allein imstande ist, diese „von Hingang / lebenden Dinge" (IX, 62f.) vor ihrem drohenden Untergang im Wortkunstwerk zu 'retten', sondern sie und die mit ihnen untrennbar assoziierte „menschliche Bedeutung" schließlich im „Anschaun" (dem Rezeptionsakt des Lesers) „gerettet zuletzt, nun endlich aufrecht" (VII, 71f.) stehen zu lassen.

Literaturverzeichnis

A. Primärliteratur

RILKE, Rainer Maria:
Werke. Kommentierte Ausgabe in 4 Bänden. Hg. v. Manfred ENGEL, Ulrich FÜLLEBORN, Horst NALEWSKI, August STAHL. Frankfurt am Main und Leipzig 1996.

Briefe aus den Jahren 1907 bis 1914. Hg. von Ruth SIEBER-RILKE und Carl SIEBER. Leipzig 1933.

Briefe aus Muzot (1921 bis 1926). Hg. von Ruth SIEBER-RILKE und Carl SIEBER. Leipzig 1936.

Die Briefe an Gräfin Sizzo (1921-1926). Wiesbaden 1950.

Rainer Maria Rilke und Marie von Thurn und Taxis. Briefwechsel. 2 Bde. Besorgt durch Ernst ZINN. Mit einem Geleitwort von Rudolf KASSNER. Zürich 1951.

Briefe in zwei Bänden. Hg. v. Horst NALEWSKI. Frankfurt am Main 1991.

B. Forschungsliteratur

ABBOTT, Scott:
„Des Dastehns großer Anfangsbuchstab". Standing and Being in Rilke's Fifth Elegy. In: *German Quaterly* 60 (1987). S. 432-446.
ENGEL, Manfred:
Rainer Maria Rilkes 'Duineser Elegien' und die moderne deutsche Lyrik. Zwischen Jahrhundertwende und Avantgarde. Stuttgart 1986.
FINGERHUT, Karl-Heinz:
Das Kreatürliche im Werke Rainer Maria Rilkes. Untersuchungen zur Figur des Tieres. Bonn 1970.
FÜLLEBORN, Ulrich und ENGEL, Manfred (Hg.):
Materialien zu Rainer Maria Rilkes 'Duineser Elegien'. 3 Bde. Frankfurt am Main 1980/1982.

Literaturverzeichnis

GADAMER, Hans Georg:
Mythopoietische Umkehrung in Rilkes 'Duineser Elegien' [1967] In: FÜLLEBORN, Ulrich und ENGEL, Manfred (Hg.): *Materialien zu Rainer Maria Rilkes „Duineser Elegien".* 3 Bde. Frankfurt am Main 1980/1982. Bd. 2. S. 244-263.

GUARDINI, Romano:
Rainer Maria Rilkes Deutung des Daseins. Eine Interpretation der 'Duineser Elegien'. München 1953.

HELLER, Erich:
Improvisationen zur ersten der Duineser Elegien. In: *Blätter der Rilke Gesellschaft.* Heft 10 (1983). S. 69-79.

HOLTHUSEN, Hans Egon:
Rilkes letzte Jahre. In: Ders.: Der unbehauste Mensch. Motive und Probleme der modernen Literatur. München 1951. S. 40-65.

DERS.:
Rainer Maria Rilke. Hamburg 1958.

INGENKAMP, Heinz-Gerd:
Von Schopenhauer her gelesen: Rilkes '8. Duineser Elegie'. In: *Schopenhauer-Jb.* 66 (1985). S. 247-252.

JACOBS, Carol:
The Tenth Duino Elegy or the Parable of the Beheaded Reader. In: *Modern Language Notes 89* (1974). 978-1002.

JAYNE, Richard:
The symbolism of space and motion in the works of Rainer Maria Rilke. Frankfurt am Main 1972.

KRUMME, Peter:
„Eines Augenblickes Zeichnung". Zur Temporalität des Bewußtseins in Rilkes Duineser Elegien. Würzburg 1988.

LOOSE, Gerhard:
Two Notes on Rainer Maria Rilke's 'Duineser Elegien'. In: *Modern Language Notes 78* (1963). S. 430-434.

LORENZ, Otto:
Memoria. Rilkes lebensweltlicher Totalitätsanspruch: Die „Achte Duineser Elegie". In: *Schweigen in der Dichtung: Hölderlin – Rilke – Celan. Studien zur Poetik deiktisch-elliptischer Schreibweisen.* Göttingen 1989. S.129-170.

Mattenklott, Gert:
Rainer Maria Rilke: Die Fünfte Duineser Elegie. Hinweise zum Verständnis. In: *Rilke heute. Der Ort des Dichter in der Moderne.* Frankfurt am Main 1997. S. 201-213.

MENNEMEIER, Franz Norbert:
Rilkes fünfte Duineser Elegie. Skizze einer soziologischen Lesart. In: *Literatur für Leser 1* (1978). S. 9-17.

Literaturverzeichnis

PAULIN, Roger and HUTCHINSON, Peter (Hg.):
Rilkes Duino Elegies. London 1996.
(STERN, Peter and Sheila: Elegy One. S. 1-17;
MINDEN, Michael: Elegy Two. S. 18-32;
TIMMS, Edward: Elegy Three. Poetry as Self-Therapy
S. 33-51;
BOYDE, Patrick: Elegy Four. A Dantist's View. S. 52-73;
SEGAL, Naomi: Elegy Five. S. 74-99;
MIDGELY, David: Elegy Six. S. 100-111;
HUTCHINSON, Peter: Elegy Seven. S. 112-131;
LLEWELLYN, Terry: Elegy Eight. S. 132-151;
LEEDER, Karen: Elegy Nine. S. 152-170;
PAULIN, Roger: Elegy Ten. S. 171-191.)
POLITZER, Heinz:
Some Aspects of 'Late Art' in Rainer Maria Rilke's Fifth Duino Elegy. In: *Germanic Review 32.* 1957. S. 282-298.
SCHWERTE, Hans:
Das Lächeln in den Duineser Elegien. In: *Germanisch-Romanische Monatsschrift N. F. 4* (1954). S. 289-298.
SINGER, Herbert:
Rilke und Hölderlin. Köln 1957.
STEINER, Jacob:
Rilkes Duineser Elegien. Bern 1962.
DERS.:
Rilke und Duino. In: *Blätter der Rilke-Gesellschaft.* Heft 10 (1983). S. 94 – 106.
DERS.:
Zeit und Raum in den Duineser Elegien. In: *Blätter der Rilke-Gesellschaft.* Heft 20 (1993). S. 11-21.
SZONDI, Peter:
Rilkes Duineser Elegien. In: Ders.: *Das lyrische Drama des Fin de siècle.* Franfurt am Main 1975. S. 377-510.
WEISINGER, Kenneth D.:
The Structure of Rilk's Seventh Duino Elegy. In: *Germanic Review 48./49.* (1973/74). S. 215-239.

Personenregister

Alcoforado, Mariana 24
Andreas-Salomé, Lou 62, 69, 98
Aristoteles 98
Arnim, Bettina von 24
Cézanne, Paul 86
Eisner, Kurt 91
Engel, Manfred 41, 91
Escher, Nanny von 33
Freud, Sigmund 27, 69
Guardini, Romano 86, 96
Hattingberg, Magda von 78
Heidegger, Martin 9
Hulewicz, Witold 11, 16, 39
Kippenberg, Anton 92
Koenig, Herhta 90
Modersohn-Becker, Paula 32
Nietzsche, Friedrich 27
Picasso, Pablo 90
Schiller, Friedrich 18
Schuler, Alfred 67
Sizzo, Gräfin von 33
Stampa, Gaspara 24f., 101
Toller, Ernst 91

Sachregister

Abstraktion 41–43, 45, 47, 87
Adressat 11, 13, 15f., 26, 47, 74, 93
Ägypten 39, 78
Ahne 29
Akustisches 10, 35, 73–79, 81, 87, 107, 113
allegorisch 39f., 77, 98, 102, 112
Alter 82–84
amerikanisch 42f.
Anfänge und Fragmente aus dem Umkreis der Elegien 92
Annahme 29, 32, 34, 38, 44, 49, 77, 101, 112
anthropogen 21
anthropologisch 21
anthropomorph 18, 109
Antike 36, 41, 98, 104, 113f.
Antithetik 37, 51,103f.
Antizipation 54
apollinisch 27, 29, 69, 74
Aporie 21, 49, 67, 72, 104, 112
Apotheose 59
Äquivalente, sichtbare 41, 45
Arbeitsphase 15, 35, 51, 97
Architektur 13, 17, 42, 48, 88, 90 107–109
Artefakt 21, 88
Artist 29, 37, 84, 89, 97, 104–106
Ästhetik 9, 29, 32, 69, 74f., 77, 84–86, 88, 91, 112
Auftrag 13, 17, 31, 34f., 44–47, 49, 66, 76, 99f., 111
Aufwärtsbewegung 85, 87f., 107–109
Aufzeichnungen des Malte Laurids Brigge, Die 24, 74
Ausgabe, kommentierte 92
Ausgesetzt auf den Bergen des Herzens 34

Register

Außenwelt 42f., 45f., 53,
  61–63., 68f., 72
Balance 85, 89, 104, 106
  -Figur 104
Ball, Der 84–86
Bedeutung 36, 38f., 43–45, 48f.,
  66f., 73, 89, 99, 113f.
Begrenzung 22f., 37, 57, 66, 68, 98
Bewegungsrichtung 58, 81
Bewusstsein 10, 15, 17f, 21f.,
  27, 34, 42f., 48, 51–64, 66f., 69,
  72, 75, 81f., 84, 113
  Gegenstands- 54, 82
  Selbst- 15, 34, 53f., 64, 75, 82
  Todes- 53, 82
  Zeit- 54, 58, 64
biblisch 11, 16, 18, 101, 103, 111
Bild 16, 22f., 42, 45f., 59, 69, 72,
  82f., 88, 91, 95–98, 104–106
  -lichkeit 12f., 37, 59, 70
  -logik 54, 56–58
  -sprache 106, 112
  -struktur 22, 25, 58, 89, 107
Blankvers 51
Blick 17, 22, 35, 48, 52f., 55, 57f.,
  61, 75, 78, 87
  -richtung 52, 57, 66, 81
Blinde, Der 90
Brief 11, 16, 24, 33, 39, 62, 78, 98
*Briefe der Nonne Mariana
  Alcoforado, Die fünf* 24
Bücher einer Liebenden, Die 24
Bürger 70–72, 111
conditio humana 21, 51f., 59,
  64, 111, 113
Dasein 12–14, 21f., 34, 38, 41, 44,
  54, 56, 58, 65, 83, 85–87, 89f.,
  91, 94, 96f., 113
  Aporien 21, 104, 112
  Bereich 113
  Figur 81, 84–88, 113
  Fragen 111
  Harmonie 18

Innigkeit 57, 60, 83
Intensität 25, 83
Metapher 52
Sicherheit 68
Standbild 81, 88f.
Struktur 23
Unsicherheit 34, 81
daktylisch 51
deiktisch 17, 47f., 67, 86
Dialog 93f.
dionysisch 27, 29, 33, 69, 74, 112
Dichter 13, 17f., 24f., 27, 31, 34, 37,
  46f., 49, 66f., 71, 73, 75f., 91,
  109, 113
Dichtung 11–13, 18, 27f., 33, 39,
  49, 70, 73, 87f., 91, 96, 99, 112
Dilemma 23, 57
Ding 17, 21, 36, 39, 41–49, 56f.,
  75f., 85f., 88f., 99, 101, 111,
  113f.
Disposition 18
*Drei Briefe an einen
  Knaben* 62
Duino, Schloss 91
Einheit 35, 57, 66, 84f.
Einigkeit 59
  -sein 53, 58, 81, 84
Einmaligkeit 43f., 46
Eltern 35, 55
Emotion 13f., 18, 22, 24, 37f.,
  40–42, 45f., 49, 57, 76, 85,
  90, 97f., 104, 111
Engel 11–19, 23, 35, 47–49, 51,
  66f., 72–76, 85f., 88, 93–96,
  101–104, 106, 109, 111–113
Entfremdung 61, 101f.
Entgrenzung 68
Entstehung 12, 36, 69, 76, 91f., 97f.
Entwöhnung 36, 40
Erde 17, 31, 44–46, 49, 76, 99–101,
  108
Erfüllung 14, 83f., 104
Erinnerung 39, 59f., 64

Register

Erlebnis 68
Erosion 17, 22, 43, 86, 88
Erwachsene 55f.
Erziehung 55f.
Evolution 60f., 63
Ewige Stadt, Die 67
Existenz 13, 15f., 21–23, 26, 36, 38, 41, 44f., 48f., 51–55, 57–60, 62–64, 67f., 71–73, 76, 81f., 84–86, 94, 101, 111–113
existenzialistisch 91, 97
existenzphilosophisch 9
Fallen, das 85–87, 113
Fallen, die 55
Falschheit 37, 77
Feigenbaum 82f.
Figur 11f., 13, 18, 24, 37, 40, 44f., 49, 51, 59, 81, 84–88, 99, 101, 104, 111, 113
Fledermaus 61, 63f.
Fluchtpunkt 54, 56, 113
Flugsäuger 61, 63
formalästhetisch 9, 74, 91
Forschung 9, 16, 41, 97, 103
  Rilke- 91, 94
Fötus 60, 69
Fragmentarisches 92
Frucht 13, 25, 31, 83, 87, 90, 98f.
  -barkeit 12
Frühverstorbene 25
Furchtbare, das 28f., 35, 112
Fürstin, Die weiße 24
Geborgenheit 60f., 63, 111
Gebrauch 37, 42f., 48f.
Geburt 25, 27, 29, 32, 36, 60, 63
Geburt der Tragödie aus dem Geiste der Musik, Die 27
Gedächtnis 17, 27, 49, 96, 112
  kollektives 49
  kulturelles 17
Gedankenstrich 106
Gegenbild 13f., 51, 59, 81f., 85, 101, 104, 111

Gegen-Strophen 92
Gegenüber-Sein 53, 57f., 64
Gegenwart 18, 21, 39, 41–43, 59, 82, 88, 98, 101, 104, 111
Geheiltsein 59f.
Geist 18, 23, 27, 33, 42, 51, 72, 77, 83, 88, 111
Geräusch 37, 39f., 78
Geschichtsmodell 101
Geschlossene, das 52, 63, 68
Gesellschaft 31, 39, 42, 46, 102, 111f.
Gestus 15–17, 86, 91
Gleichgewicht 86, 88–90, 105f.
Gleichnis 25, 46, 86f., 113
Glück 38, 45, 57, 62, 87, 97
Gott 12f., 27f., 36, 54, 76
Gravitationszentrum 105
Griechenland 36, 76, 98, 104, 113
Harmonie 18, 35, 61, 82
heil 32, 34, 60
Held 25f., 36, 82–84, 101
'Heutige'/'heute' 18f., 33, 39, 42f., 45, 88, 98, 101–103, 111, 113
Hinterbliebene 36f., 39f., 77
Hinüberbestimmte 26, 82
Humanität 98, 104
Hypothese 44, 58, 94–96, 103
Idealisierung 13, 26, 54, 59, 64
Identität 22, 36, 43, 68
Indikativ 15, 94
Innenraum 67–72, 109, 113
Innenwelt 65, 68
Innere, das 28, 45, 67, 74, 108
Insekt 61, 63
Instinkt 29, 81f.
Intensität 40, 83
  Daseins- 25, 83
  emotionale 24
  Gefühls- 57
intransitiv 24, 26, 48, 58, 66, 101, 112
Introspektion 27, 68–70

Register

Inversion 100
irdisch 13f., 17, 21, 36, 43–46, 48f., 65–67, 75f., 88f., 91, 97, 99, 101
Irrealis 15
Jahr 9, 81, 83, 87, 92, 97
-markt 37f., 77
Jahreszeit 81, 84, 95, 107, 113
Jüngling 18, 26, 28f., 36, 38f., 69, 73f., 77–79
Katalog 47f.
Kind 12, 25, 35, 38, 54–58
-heit 32, 36, 56
Kirche 37, 100
Klage 21, 38–40, 51, 75f., 77f., 91, 97, 102, 104
-fürst 39
-kultur 39, 102, 112
-laut 40, 74, 77
Toten- 39f., 76f., 112
Knabe 62, 69, 90, 105
Kommunikation 10, 47, 91–93, 100f., 113
Komplementarität 32, 34, 39, 81, 85–88
Konditionierung 55
Konflikt 34, 56, 70–72, 111
Konfrontation 21, 53, 69, 77
Konjunktion 95f.
Konjunktiv 94–96, 99, 113
konsiderativ 95
Kreatur 22f., 34, 38, 49, 51–53, 55, 57–61, 63f., 66, 68, 81f., 84, 113
Kultur 39, 77, 102, 108, 112
-ding 21, 76
-leistung 5, 13, 16f., 43, 48f., 75, 88f., 111f.
Sexual- 29
Kunst 9, 36, 49, 72, 77, 86, 94, 108, 111, 114
-ethos 72
-verständnis 70, 72
La famille des saltimbanques 90

Lächeln 37, 75, 97, 105f.
Landschaft 12, 28, 39, 69
innere 28, 69
Lärm 37, 77
Leben 15, 22, 25, 31–38, 40, 43f., 46, 53f., 56, 61–63, 66, 69, 71f., 81–85, 87, 111–113
-Praxis 18, 21, 32, 43
-Welt 21, 26, 41f., 75
Leiblichkeit 23, 51, 72, 83
Leid 38
-land 37–40, 77, 101
-Stadt 37, 77
Legitimation 18, 49, 88
Legitimierungsinstanz 13
Liebe 17, 21–29, 31, 33f., 48f., 58, 66, 71f., 89, 101, 104, 112f.
Liebende 21–26, 37f., 57f., 66, 73, 90, 93–95, 97, 104–106, 109
Linos 36, 48, 76
Löwe 82
Luftraum 63
Mädchen 25–29., 31f., 44, 74, 93, 95, 108
Malte s. *Aufzeichnungen* 24, 74
Massen
-artikel 37
-gesellschaft 42
-produktion 42f., 46
Metapher 28, 52, 59, 64, 67, 73, 108, 113
Metaphorik 12f., 15, 29, 65, 85, 90, 97, 103, 107–109
Metaphysik 16f., 47–49, 75f., 88f., 112
Militärdienst 91
Mischwesen 23, 51
Mittelalter 41
Moderne 18, 32, 34f., 41f., 45, 101, 113f.
Monolog 7, 93f.
Mücke 57, 60–63
München 91

Register

Münchner Kosmiker 67
Musik 17, 27, 36, 48, 75–77, 109
Mutter 26, 28, 36, 63, 93
  -leib 60–62, 68f.
  -schoß 61, 63
Muzot 91
Mythopoesie 11, 18, 37, 39, 100, 111
Nacht 21f., 39, 104, 108
Neue Gedichte 65
Nil 39
Novemberrevolution 91
objektbezogen 24
  -los 26f., 58
Offene, das 22f., 26, 38, 51–53, 55–58, 60–64, 66–68
ontologisch 93
Optativ 38, 75, 88, 96, 98, 113
Paradigmenwechsel 5, 41f., 112
Paradox 12, 23, 37,61, 66
Paris 37
Perfektion 37, 97, 105f.
Personifikation 17, 28, 38, 40, 102
Perspektive 31, 35, 37, 40, 5f., 57f., 67
Philosophie 9, 32, 51, 67, 101
Pierrot, Der Sterbende 90
Poetik 44, 65f.
  Kunstding- 65
  Verwandlungs- 16, 65, 112f.
poetologisch 45, 65, 85
postnatal 61
Praktikabilität 26, 56
pränatal 60f., 68
Produktion 41–43, 49, 72, 108, 111
Projektion 40, 49, 59, 99, 101
Psyche 27, 99
psychisch 32, 99, 101, 114
Psychoanalyse 27, 69
Puppe 70, 72, 74, 106
Pyramide 89f.
Quantensprung 49, 105
Räumliches 10, 56, 65f., 78, 81, 113
Reflexion 18, 25, 47, 53, 55, 58, 64, 69f., 73, 82, 84, 94, 101, 113
Rekonstruktion 85
Religion 11, 34, 42, 48, 91
Requiem für eine Freundin 32
Ringen 49, 91, 97
Rettung 17, 46–49, 75, 101, 111, 114
Reversion 57
Rolle 12, 25–27, 31, 72, 74, 93f. 111
Rom 100
Ruf 16, 74, 108f.
  Vogel- 68, 108
Rühmung 35, 75, 91, 97
Sagen, sachliches 86
Saltimbanques 37, 89f., 97, 104–106
Säugetier 60, 63
Schauen 57, 72, 83
Schauspiel 70, 72, 83
Scheitern 22f., 89
Schicksal 18, 31f., 35, 47, 53, 64, 71, 84, 88, 100, 111
Schönheit 14, 85f.
Schoß 62f.
  -verhältnis 61–63
Schmerzen 14, 25, 38, 101, 105
Schreckliche, das 14, 28f., 74f., 103
Schrei 15, 40, 73, 75f., 87f., 94f.
Schweigen 56, 77–79, 89, 100
Schwund 21, 39, 41–43, 45–47,76, 89, 111f.
Séance 100
Sexualität 26–29
Sicherheit 21, 62f., 68
sichtbar 41, 45f., 88, 113
Sieben Gedichte 27
Simson 101
Soll ich die Städte rühmen 34
Sonette an Orpheus 33
Spanische Trilogie 65

Register

Spätwerk 11, 44, 65, 113
Sphinx 39, 48, 77f., 88f., 109
Sprachgestus 15, 17, 91
Spiegel 13f., 85, 87
  -Achse 103
spiegelbildlich 103
  -symmetrisch 103, 107
Statik 88, 90
Steigen 85–87, 113
Sterbender 56f., 82
Struktur
  Als-Ob- 52
  -analyse 103
  -konstituente 10, 81, 113
  -motiv 66, 73, 107f., 113
Stundenbuch 11
Stufenleiter 61–63
Subjekt-Objekt-Spaltung 53, 58, 62, 68, 82, 113
Suggestion 11, 44f., 92, 99f.
Tempel 39, 42, 108, 111
Tier 22, 51, 53–64, 81f., 95
Tobias 18
Tod 10, 15, 21f., 25, 31–40, 47f., 53f., 56f., 59, 64, 66, 72, 76–79, 82–85, 87, 90, 96f., 99–101, 104, 106, 112f.
Topographie 12, 28, 77
Transformation 39, 45, 47, 67, 76, 88, 111, 113
transitiv 24
Transzendenz 5, 47f., 88f., 98, 109, 111
  -streben 43, 48, 88, 109
  -symbol 109
Trauer 36–38, 40, 76f.
  -arbeit 37
Trennung 48, 53, 60f., 61
triadisch 101
Trieb 26–29, 33, 74, 112
  -natur 6, 29, 69f., 70, 112
Triest 91
Trost 37
  -markt 37
Tugendideal 98
Über naive und sentimentalische Dichtung 18
Umkehrung 52, 57f.
Umschlagspunkt 87, 106
Unsicherheit 81
unsichtbar 45f., 95, 113
Vater 18, 70f.
Veranlagung 71f.
Verarbeitung 25, 27
Verbmodus 15
Verdeckung 22
Verdrängung 27, 33, 35, 37, 45f., 112
Vergangenheit 43, 59, 82, 88, 101, 103
Vergänglichkeit 14, 17f., 21f., 41, 43, 49, 59, 61, 64, 76, 85f., 89, 104
Verlassene 25
Versöhnung 111
vertikal 48
Verwandlung 10, 16f., 41, 45-47, 66f., 75f., 99, 108
Verwandlungsauftrag 46f, 67, 76
Visualität 52, 67, 73, 77f., 87
vital/-istisch 28, 53, 58, 61
Vogel 61–63, 68, 95, 107f.
Vorfahre 43, 70
Wahrhaftigkeit 37
Wahrnehmung 21, 52f., 55, 66, 87, 99
Wallis 91
Welt
  -anschauung 32, 67, 85
  -bild 66
  -deutung 114
  gedeutete 21f., 26, 38, 55, 66f., 71, 112
  -krieg, Erster 84, 91
  -modell, poetisches 93
  -raum 14f., 22, 65–67, 72, 86

Register

-verhalten 21
Wien 91
Wissenschaft 11, 52, 59, 100
Wunschbild 97, 99, 101
Zeigen 17, 47f., 77, 87
Zeit
   -alter, goldenes 101
   -enthobenheit 17, 75f.
   -erscheinung 41, 111
   -kritik 42
Zeuge 13, 16, 76, 112
zivilisatorisch 109, 112, 114
Zukunft 36, 54, 59, 71, 75, 82, 96,
   98, 108
Zukunftsentwurf 71, 101
Zustimmung 17, 75f., 88, 96f.
Zuviel 105f.
Zuwenig 105f.
Zyklisches 10, 81, 83f., 85, 87f.,
   113
Zyklus 9, 11f., 16, 36, 41, 51–53,
   73, 81, 87, 91f., 95, 97, 99, 105f.,
   111, 114

www.ingramcontent.com/pod-product-compliance
Lightning Source LLC
Chambersburg PA
CBHW030828230426
43667CB00008B/1437